Michaela Sankowsky

Varianten des Kapitalismus

GRIN Verlag

Bibliografische Information der Deutschen Nationalbibliothek:

Die Deutsche Bibliothek verzeichnet diese Publikation in der Deutschen National-
bibliografie; detaillierte bibliografische Daten sind im Internet über http://dnb.d-
nb.de/ abrufbar.

Impressum:

Copyright © 2013 GRIN Verlag GmbH
Druck und Bindung: Books on Demand GmbH, Norderstedt Germany
ISBN: 978-3-656-72727-9

Dieses Buch bei GRIN:

http://www.grin.com/de/e-book/279191/varianten-des-kapitalismus

GRIN - Your knowledge has value

Der GRIN Verlag publiziert seit 1998 wissenschaftliche Arbeiten von Studenten, Hochschullehrern und anderen Akademikern als eBook und gedrucktes Buch. Die Verlagswebsite www.grin.com ist die ideale Plattform zur Veröffentlichung von Hausarbeiten, Abschlussarbeiten, wissenschaftlichen Aufsätzen, Dissertationen und Fachbüchern.

Besuchen Sie uns im Internet:

http://www.grin.com/

http://www.facebook.com/grincom

http://www.twitter.com/grin_com

Varianten des Kapitalismus

1. Was sind Varianten des Kapitalismus?
- Zwei Grundtypen von Marktwirtschaften: Liberale Marktwirtschaften (im Wesentlichen englischsprachige Länder) und koordinierte Marktwirtschaften (kontinentaleuropäische und skandinavische Länder)
- Zuerst nur Unterscheidung zwischen Kommunismus und Kapitalismus
- Michel Albert (1992): Unterschiede zwischen „rheinischen" (Arbeitgeber und Arbeitnehmer arbeiten zusammen, Gewerkschaften handeln Löhne aus, Renten- und Krankenversicherung) und „angloamerikanischen" (Gegner, Arbeitnehmer handeln Lohn individuell aus, freiwillige Kranken- oder Rentenversicherung) Kapitalismusmodell

1.1 Warum Koordination?
- Gefangenendilemma: Beide Seiten haben keine Möglichkeit, sich auf Kooperation zu verständigen
- Keiner der Gefangenen kann sich über das Handeln des anderen sicher sein, dass der andere auch kooperiert, wenn er selbst dies tut
- Beziehung der beiden muss unkoordiniert bleiben
- Unternehmen befinden sich oft in Gefangenendilemma → wollen strategisch Interessen verfolgen und müssten dazu mit Arbeitnehmern und anderen Unternehmen kooperieren, müssten aber darauf vertrauen können, dass Gegenseite auch zur Kooperation bereit ist
- Nachteil von Institutionen, die Koordination ermöglichen: **Rauben Flexibilität**
- Ob Koordination oder Nicht-Koordination die geeignete Strategie ist, hängt laut Hall und Soskice davon ab, ob Unternehmen auf „inkrementelle" oder „radikale" Innovationen spezialisiert sind

Der Vorteil koordinierter Marktwirtschaften: Kooperation
- Unternehmen, die ein Produkt Schritt für Schritt (inkrementell) immer weiter verbessern, sind auf Koordination und Kooperation angewiesen
- In koordinierten Marktwirtschaften gibt es Institutionen, die Bildung von Vertrauen zwischen Akteuren ermöglichen (Kündigungsschutz, Mitspracherechte erhöhen Loyalität gegenüber Unternehmen)
- Loyaler Arbeitnehmer hat Interesse daran, an einer ständigen Verbesserung von Produkten und Produktionsprozessen mitzuwirken

Der Vorteil liberaler Marktwirtschaften: Flexibilität
- Entwicklung von Innovationen braucht schnell Mitarbeiter, die frische Ideen ins Unternehmen bringen, und die schnell wieder gekündigt werden können
- Braucht Financiers, die Geld schnell zur Verfügung stellen und bereit sind, ein höheres Risiko zu tragen → Marktbasiertes, liberales Umfeld
- Langwierige Absprachen berauben Flexibilität, die sie benötigen, um neue Erfindungen zu machen und ihre Produkte schnell auf den Markt zu bringen

- Länder sollten entweder alle Institutionen so auszubauen, dass sie Koordinierung ermöglichen oder dass sie Flexibilität ermöglichen → Beides führt zu Wettbewerbsvorteil, entweder in inkrementellen oder in radikalen Innovationen
- Da Unternehmen international mobil sind, werden sie in Länder gehen, deren Institutionen die Art von Innovationen unterstützen, die sie benötigen
- Ganze Länder sollten sich somit darauf konzentrieren, entweder Unternehmen mit inkrementellen oder radikalen Innovationen ein gutes Umfeld zu bieten
- Jedes Land baut seine koordinierte oder liberale Variante des Kapitalismus so aus, dass es bestimmten Unternehmen ein perfektes Umfeld bietet
- Jedes der Länder befürwortete internationale Regeln, die die institutionellen Vorteile seiner Spielart des Kapitalismus unterstützen, wobei die Bruchlinie zwischen koordinierten und liberalen Marktwirtschaften verlief

Mit ihrem "Varities of capitalism"-Ansatz (VoC), der entwickelte Marktwirtschaften in zwei Grundtypen einteilt, führten Hall und Soskice eine Unterscheidung ein, die die Politikwissenschaft revolutionierte

- VoC-Ansatz ermöglichte es, die Unterschiede kapitalistischer Länder in einer einfachen Typologie zusammenzufassen
- Hall und Soskice widersprachen der vorherrschenden Meinung, dass sich unterschiedliche Marktwirtschaften an ein „one best model", nämlich das liberale Modell, annähern (Konvergenzthese) Vielmehr meinten sie, die Länder werden immer unterschiedlicher, da jeder der beiden Typen sich auf seinen komparativen Kostenvorteil spezialisiert (Divergenzthese)
- Ihre Typologie ermöglichte auch Empfehlungen für Politiker, denn ihrer Meinung nach sollten Länder, die zwischen koordinierten und liberalen Marktwirtschaften stehen, ein klares Profil herausbilden, um die Vorteile eines der beiden Systeme zu nutzen Die Idee, dass wirtschaftliche Gründe gegen die Einführung von liberalen Koordinierungsmechanismen in koordinierten Ländern sprechen, wurde erst dadurch populär
- VoC-Typologie wurde zu einem der meistbearbeiteten Themengebiete der letzten Jahre

1.2 Liberale und koordinierte Institutionen: Unterschiede
Unternehmensführung
Liberal

- Besitzer eines Unternehmens (Aktionäre) haben nur Ziel der Gewinnmaximierung
- Manager des Unternehmens haben vielleicht andere Ziele → Erhöhung ihres Gehalts
- Principal-Agent-Problem → Wie kriegt der Eigentümer (der „Principal"), den Manager (den „Agenten") dazu zu tun, was er will?
- In liberalen Marktwirtschaften müssen Interessen der Manager und der Aktionäre gleichgesetzt werden, denn Aktionäre sind zu zersplittert, um die Manager selbst zu kontrollieren → Lösung: Manager werden selbst am Unternehmen beteiligt
- **"Outsiderorientiert": Wird von außen über den Aktienkurs kontrolliert**
- Weder Aktionäre (weil jeder einzelne zu wenige Aktien hat) können Unternehmen direkt kontrollieren, noch Belegschaft (weil es keine Institutionen gibt, die sie an der Unternehmensführung beteiligt)
- Wenn Unternehmen dauerhaft Gewinnerwartungen der Anleger enttäuscht, verkaufen diese ihre Aktien und Preis für Aktien sinkt → Manager verlieren Job, Unternehmen wird aufgekauft
- Unternehmen müssen ihre Belegschaft nutzen, um möglichst schnell möglichst viel Gewinn zu machen → Stellen Arbeitnehmer ein, wenn „make" günstiger ist als „buy"
- Flexibler Arbeitsmarkt sorgt dafür, dass Arbeitnehmer schnell einen neuen Job finden können, wenn sie unzufrieden sind
- Nur wenn Unternehmen alles, was sie benötigen, jederzeit kaufen und wieder abstoßen können, haben sie Flexibilität, die sie für radikale Innovationen benötigen

Koordiniert

- Aktien sind nicht in Streubesitz, sondern einzelne Aktionäre halten große Aktienblöcke
- Nicht nötig, Interessen hunderter Kleinaktionäre mit denen der Manager abzustimmen
- Aktionäre können aufgrund ihrer geringen Anzahl direkt im Aufsichtsrat sitzen, der die Manager kontrolliert → Eigentümer (und Arbeitnehmer) können sich aktiv am Management beteiligen, sie sind „Insider", sie haben uneingeschränkten Zugang zu den Informationen über den Erfolg ihres Unternehmens („Insiderorientiert")
- „Stakeholderorientierung": Nicht nur die Shareholder (Anteilseigner oder Aktionäre) haben Kontrolle über das Unternehmen, sondern auch „Stakeholder" (weitere Gruppen, die mit dem Unternehmen zu tun haben wie Gewerkschaften und Arbeitnehmer)
- Auch Mitarbeiter haben Anrecht auf Mitbestimmung
- **In liberalen Ländern üben Aktionäre Außenseiterkontrolle aus, in koordinierten Ländern üben Stakeholder Insiderkontrolle aus (sind im Aufsichtsrat vertreten)**
- Nachteil: Vorstände werden dadurch in Handlungsspielraum beschränkt

- Aber kann auch sinnvoll sein, Arbeitnehmer in Unternehmensführung einzubeziehen → Bindung an das Unternehmen erlaubt über Mitsprachemöglichkeiten die Koordination, die für koordinierte Marktwirtschaften typisch ist (beste Strategie im Gefangenendilemma)
- Arbeitnehmer haben in koordinierten Marktwirtschaften Mitspracherechte, müssen weniger um Arbeitsplatz fürchten → Helfen, Produktion effizienter zu gestalten ohne Angst, damit ihre eigenen Arbeitsplätze wegzurationalisieren
- Liberale Unternehmen sind dagegen nicht darauf angewiesen, langfristig mit Belegschaft zusammenzuarbeiten → Wenn etwas fertiggestellt ist, müssen sie Belegschaft möglichst schnell loswerden und Spezialisten für das nächste Projekt finden
- Koordinierte und liberale Unternehmen unterscheiden sich darin, ob Unternehmen ihren Belegschaften über Betriebsrat Einspruchsmöglichkeiten bieten oder nicht
- Drei Abstufungen, wie stark diese Einspruchsmöglichkeiten sein können
  o Betriebsräte haben keine Einspruchsrechte
  o Betriebsräte haben Anhörungsrechte, können in sozialen Fragen mitentscheiden
  o Betriebsräte haben Einspruchsrechte, die das Management beachten muss und können damit sogar in ökonomischen Fragen mitentscheiden
- In Deutschland, Österreich und Niederlanden kann Betriebsrat wirtschaftliche Unternehmensentscheidungen mitbeeinflussen
- **Liberale Länder nutzen Marktarrangements, die Flexibilität ermöglichen**
- **Koordinierte Länder fördern Absprachen, die langfristige Kooperation ermöglichen**

Beziehungen zwischen Arbeitgebern und Arbeitnehmern
- Mehrwert von Unternehmen: Höhere Preis von Produkten im Vergleich zu Rohmaterialien → muss zwischen Arbeitnehmern und Arbeitgebern aufgeteilt werden
- Differenz zwischen Kosten, die Unternehmen entstehen und Kosten, die der Auftraggeber bereit ist zu zahlen
- Arbeitgeber und Arbeitnehmer müssen immer wieder Mechanismus finden um Mehrwert in Arbeitgeberanteil (Unternehmergewinne) und Arbeitnehmeranteil (Löhne) aufzuteilen

Liberal
- Lohn wird individuell nach Marktlage ausgehandelt
- „Individualistische Eigentumskonzeption": Jeder Arbeitnehmer „besitzt" Arbeitskraft und kann sie zu dem Preis anbieten, die der Markt oder Unternehmen bereit ist zu zahlen
- Liberale Beziehung zwischen Kapital und Arbeit: Marktfreiheit wird nicht durch gleiche Löhne eingeschränkt
- Unternehmen können Bedarf an nötigen Arbeitskräften schnell decken und sich flexibel auf wandelnde Anforderungen einstellen
- Nachteil: Arbeitnehmer mit begehrten Qualifikationen verlangen hohen Preis
- Liberale Länder koordinieren Löhne kaum durch Tarifverträge → Löhne werden auf kleinstmöglicher Ebene des Betriebs ausgehandelt oder sogar individuell, also auf dem ersten oder zweiten Niveau
- **Genereller Trend geht eher in Richtung Liberalisierung statt in Richtung zunehmender Koordination (auch in koordinierten Ländern) → Widerspricht Vorhersagen der VoC-Typologie**

Koordiniert
- Lohnsteigerungen werden für ganze Branche oder landesweit ausgehandelt
- Koordinierte Marktwirtschaften haben Regeln, die individuelle Freiheiten zugunsten von Kooperation einschränken → Strengere Kündigungsregeln, sektorale (Branchentarifvertrag), regionale (Flächentarifvertrag) und national verbindliche Lohnabschlüsse zwischen Gewerkschaften und Arbeitgebern schränken Freiheit von Unternehmen und Individuen ein, Arbeitskraft zu „Marktpreisen" nachzufragen und anzubieten
- Stufen, auf denen Löhne ausgehandelt werden:
  o Jeder Arbeitnehmer oder jeder Betrieb handelt Löhne für sich selbst aus (Arbeitsbeziehungen sind maximal liberal, keine Koordinierung, Markt dominiert)

- o Arbeitgeber und Arbeitnehmer verhandeln auf sektoraler Ebene, legen aber nicht viel fest, so dass Verhandlungen im Unternehmen wichtig bleiben
- o Sektorale Ebene ist dominant
- o Neben der sektoralen ist auch nationale Ebene wichtig
- o Lohnverhandlungen finden vor allem auf nationaler Ebene statt (zwischen Spitzenverbänden von Gewerkschaften und Arbeitgebern)

Anteil von Beschäftigten mit Tarifvertrag
- Umso mehr Beschäftigte von Tarifverträgen abgedeckt sind, je höher ist Ebene, auf der diese ausgehandelt werden
- In liberalen Länder sind Arbeitnehmer kaum durch Tarifverträge abgedeckt
- In koordinierten Ländern werden viele Arbeitnehmer durch Tarifverträge gebunden
- Bindung von Tarifverträgen in Deutschland ist stark zurückgegangen → Fast so geringe Tarifvertragsabdeckung wie Australien

Aushandlungsniveau von Tarifverträgen
- In liberalen Ländern USA, Neuseeland, Kanada und Großbritannien werden diese auf besonders niedriger Ebene verhandelt
- Zusammenhang zwischen Ebene, auf der Tarifverträge ausgehandelt werden und Anteil an Arbeitnehmern, die durch Tarifverträge abgedeckt werden
- Koordinierte und liberale Länder handeln Löhne auf verschiedenen Ebenen aus → Je höher die Ebene, umso mehr Arbeitnehmer sind von Tarifverträgen abgedeckt und umso weniger sind Löhne damit von individuellen Marktpreisen abhängig

- Zusammenhang des gewerkschaftlichen Organisationsgrads mit Liberalismus und Koordination ist nicht besonders deutlich → Skandinavischen Länder haben höchsten Anteil gewerkschaftlich organisierter Arbeitskräfte
- Aber Irland, Großbritannien, Kanada und Neuseeland haben höheren Anteil organisierter Arbeitnehmer als Deutschland (typisch koordiniert)
- Immer wenn viele Arbeitnehmer in Gewerkschaften sind, ist Abdeckung mit Tarifverträgen hoch
- Gibt aber auch Länder, in denen nur wenige Arbeitnehmer in Gewerkschaften sind (Frankreich, Spanien, Niederlande), die aber trotzdem hohe Abdeckung mit Tarifverträgen aufweisen
- Wenn Arbeitnehmer erst einmal Löhne ausgehandelt haben, dehnen koordinierte Länder dieses Abkommen auch auf nicht-organisierte Arbeitnehmer aus → Geltungsbereich von Tarifverträgen wird weitaus größer als Organisationsgrad der Beschäftigten (unfair)
- Aber: Für Unternehmen können kollektive Regelungen sinnvoll sein, weil es sie Zeit und Mühe kostet, Löhne mit jedem Arbeitnehmer individuell auszuhandeln
- Auch verringern kollektive Tarifverträge Risiko, dass gute Arbeitnehmer für höhere Löhne zu anderen Unternehmen abwandern
- **Zentralisierte Lohnverhandlungen entsprechen Idee des Korporatismus** → Gibt zentrale oder nationale Repräsentanten der Arbeitgeber und Arbeitnehmer und nicht viele einzelne Interessenvertreter (nationaler Korporatismus nimmt der Politik Regelungsaufgaben ab, nationale Repräsentanten der Arbeitgeber und Arbeitnehmer werden bevorzugt behandelt und ihre Übereinkünfte werden in Gesetzen umgesetzt)
- **Dezentralisierte Lohnverhandlungen entsprechen Idee des Pluralismus** → Jede Interessengruppe kann bei Politik für ihre Interessen werben (aus Wettbewerb gleich berechtigter Stimmen ergibt sich dann Politik)
- In liberalen Marktwirtschaften besteht Möglichkeit korporatistischer Regelungen nicht, da es keine Spitzenverbände der Arbeitgeber und Arbeitnehmer gibt, die etwas beschließen und dies gegenüber ihren Mitgliedern auch durchsetzen könnten
- Deutschland ist kein korporatistisches Musterland → Gibt Branchengewerkschaften, die mächtiger sind als nationalstaatlich zentralisierte Repräsentanten

- Wenn kleine Gewerkschaften hohe Löhne fordern und bekommen, ohne dass die Menge an produzierten Gütern steigt, ergibt sich ein makroökonomisches Missverhältnis von Gütern zu Löhnen → Cost-Push Falle (zB in liberalen Ländern in 1970er Jahren)
- Koordinierte Länder hatten es einfacher, da deren relativ zentralisierte Gewerkschaften ihre Lohnforderungen koordinieren konnten
- Liberalen Marktwirtschaften fehlen zentralisierte und „nach unten" durchsetzungsfähige Verbände, um Lohnzurückhaltung durchzusetzen, und starke Beziehungen zwischen Verbänden und Staat → Vertrauen muss vorhanden sein
- Zusammenhang zwischen tatsächlichen empirischen Indikatoren und der theoretischen Einteilung in liberale und koordinierte Länder ist selten perfekt → Ländergruppen sind sich aber im Schnitt ähnlich

Ausbildungssysteme
- Ausbildung = Investition in Humankapital
- Menschen, die sich ihre Ausbildung je nach Präferenz individuell aussuchen, stehen Unternehmen gegenüber, die bestimmte Qualifikationen nachfragen → System funktioniert aufgrund der Gesetze von Angebot und Nachfrage in liberalen Marktökonomien
- Kooperation wäre wünschenswert, aber bleibt trotzdem oft aus
- Für Unternehmen ist es sinnvoll, in Qualifikation seiner Mitarbeiter zu investieren, wenn es weiß, dass der besser qualifizierte Arbeitnehmer das Unternehmen nicht verlässt
- Arbeitnehmer muss wissen, dass er Qualifikation bekommt, die auch tatsächlich anerkannt ist und ihm zu einer besser bezahlten oder interessanteren Beschäftigung verhilft
- Damit Unternehmen ausbilden, muss Markt für Arbeitnehmer eingeschränkt sein → Ansonsten sind zwar alle an hohem Ausbildungsniveau interessiert, trotzdem kommt es nicht zu Stande

Liberal
- Ausbildung findet nicht in Unternehmen statt
- Arbeitnehmer erwerben Qualifikationen an allgemeinbildenden Einrichtungen wie Schulen und Universitäten
- Ausbildung ist nicht auf Bedürfnisse von Unternehmen zugeschnitten → Arbeitnehmer lernen eher allgemeine statt spezifische Fähigkeiten, die sie in verschiedenen Unternehmen nutzen können → Universitäten gut ausgebaut (Rankings immer gut)
- Die Kosten für Ausbildung trägt teilweise der Staat – indem er die Schulen und Universitäten finanziert, großen Teil der Kosten tragen aber die Studierenden
- Studenten können Kosten oft durch höhere Einkommen wieder bezahlen oder bekommen ein Stipendium
- Vorteil: Unternehmen bekommen große Menge an Niedrigqualifizierten, die Arbeit günstig erledigen können
- Unternehmen können sich über den Markt zu besorgen, was sie benötigen
- Haben keinen Anreiz auszubilden, weil sie nicht sicher sein können, dass Arbeitnehmer dann bei Ihnen bleiben

Koordiniert
- Um hohes Ausbildungsniveau zu erreichen, zertifizieren Arbeitgeberverbände und Gewerkschaften Ausbildungsgänge
- Arbeitgeberverbände passen Ausbildungen Wünschen der Unternehmen an, fordern Unternehmen auf, auch selbst auszubilden
- Wenn Unternehmen seine Arbeitnehmer für spezifische Aufgaben ausbildet, wird es von seinen Arbeitnehmern abhängig, da es noch stärker als zuvor auf ihre speziellen Fähigkeiten angewiesen ist
- Duales Ausbildungssystem mit Ausbildung im Betrieb und in der Schule
- Auch Arbeitnehmer tragen Teil der Kosten (akzeptieren während der Ausbildung relativ geringe Löhne)

- System ist sehr kompliziert und kann nur aufrechterhalten werden, wenn Arbeitgeber und Arbeitnehmer in anderen Feldern gelernt haben, zusammenzuarbeiten → Koordiniertes Ausbildungssystem ist nur möglich, wenn auch andere Aspekte des Wirtschaftssystems koordiniert sind

Unternehmensfinanzierung
Liberal (Kontrolle von außen)
- Unternehmen haben Interesse, auf öffentlichkeitswirksame Maßnahmen zu setzen, um die Nachfrage nach ihren Aktien zu steigern und allein dadurch schon den Aktienkurs hochzutreiben
- Unternehmen können Bilanzen fälschen, um Investoren mit scheinbar hohen Gewinnen anzulocken → schon oft passiert, denn im outsiderorientierten Unternehmensführungs- system der USA war keiner der Aktionäre am Management beteiligt, niemand hatte somit Einblick in die Vorgänge

Koordiniert (Kontrolle von innen)
- Auch hier kann es zu Betrug kommen (ist seltener, Banken sitzen im Aufsichtsrat und haben somit „Insiderinformationen" und können Risiko besser einschätzen
- Kreditgeber werden zu „Insidern" über die Situation des Kreditnehmers, da sehr viel we- niger Geld über den anonymen Kapitalmarkt gehandelt wird
- Hausbank als Zwischenglied zwischen Kreditgeber und Kreditnehmer

- *Sonderrolle Schweiz:* Börsenwert schweizerischer Unternehmen war 2009 mehr als dop- pelt so hoch wie die schweizerische Wirtschaftsleistung → Hohe Marktkapitalisierung, trotzdem koordiniert
- In liberalen Ländern ist Aktienmarkt besonders wichtig für Unternehmensfinanzierung
- Ausnahmen: Irland und Neuseeland haben weniger stark ausgebaute Aktienmärkte
- Deutschland oder Österreich haben sehr niedrige Finanzmarktkapitalisierung
- Finanzsystem in koordinierten Ländern funktioniert anders als in liberalen → Menschen investieren Geld weniger direkt in börsennotierte Unternehmen, sondern aufs Sparbuch bei ihrer Bank, die reicht das Geld als Kredite an Unternehmen weiter, mit denen sie schon langjährige Geschäftsbeziehungen hat
- Nachteil: Teil der Unternehmensgewinne bleibt bei Bank
- Vorteil: Banken können gezielter und damit langfristiger investieren
- Im Mittelstand sind Beziehungen zwischen Unternehmen und Hausbanken oft persönlich
- Banken sind somit Insider im Unternehmen → Ihr Kapital ist darum „geduldiger" als Fi- nanzmarktinvestitionen und unterstützt damit die auf langfristige Kooperation angelegten Arbeitnehmer-Arbeitgeber-Beziehungen sowie Strategien und Innovationen, die sich erst langfristig auszahlen

Flexibles versus langfristiges Kapital
- Stabilisierende Rolle der Banken ist für langfristig agierende Unternehmen sinnvoll → Ermöglicht Arbeitnehmer auch in Krisenzeiten zu halten und unterstützt langfristige Ko- operation zwischen Kapital und Arbeit und stetige Verbesserung der Produkte
- Nachteil: Problematisch für neue, unbekannte Unternehmen, die schnell Finanzmittel brauchen und auch mit schnellen und hohen Renditen rechnen können
- Form der Innovation, die ein Unternehmen durchführt, hängt auch damit zusammen, ob es mit liberalen oder koordinierten Arrangements besser bedient ist
- Liberal: Wer Flexibilität benötigt, in kurzer Zeit hohe Gewinne versprechen kann und noch keine Reputation aufbauen konnte
- Koordiniert: Wer langfristiges Kapital braucht, auf Stabilität setzt

Firmenbeziehungen
- Oft ist es im beiderseitigen Interesse zweier Unternehmen, zu kooperieren

- Kann aber auch ökonomisch sinnvoll sein, das andere zu betrügen, wenn es durch die Kooperation an geheime Daten des anderen Unternehmens kommt
- Jedes Unternehmen muss sich also sicher sein, dass das andere sich nicht eigennützig verhält, es muss sich mit dem anderen Unternehmen koordinieren können

Liberal: Kooperation durch Aufkauf
- Kooperation kann kaum stattfinden → Unternehmen werden durch Aufkauf ihrer Aktien übernommen
- Unternehmen können schnell benötigtes Know-how bekommen, ohne in komplizierte Kooperationsbeziehungen eintreten zu müssen
- Unternehmen können nicht kooperieren, müssen es aber auch nicht, da sie ihr Problem auf andere Weise lösen können: durch einen flexiblen Arbeitsmarkt und der Möglichkeit, andere Unternehmen aufzukaufen

Koordiniert: Kooperation durch Verbände
- Verbände oder der Staat überwachen Unternehmenskooperationen
- Unternehmensverbände fungieren als Schiedsrichter → Ehrlichkeit lohnt sich
- Unternehmen begegnen sich immer wieder → Können sich schlechter betrügen, kennen sich, vertrauen sich und wissen, dass sie auch in Zukunft zusammenarbeiten müssen
- Unternehmen müssen kooperieren; können Know-How anderer Firmen nicht so leicht über den Markt für Unternehmensführung oder den Arbeitsmarkt erwerben
- Können aber auch kooperieren, da Unternehmensnetzwerke bestehen

Wohlfahrtsstaaten
- Um Arbeitnehmern Anreiz zu bieten, in spezialisierte und damit risikoreichere Ausbildung zu investieren, versuchen koordinierte Marktwirtschaften über Zahlung von Arbeitslosengeld das Schicksal der Arbeitslosigkeit zu mildern
- Nutzen auch Frühverrentung, um Beschäftigungsabbau möglich zu machen, ohne Loyalität der Arbeitnehmer zu verspielen
- In koordinierten Marktwirtschaften gibt es höheren Kündigungsschutz als in liberalen
- In liberalen Ländern sollen sich Arbeitnehmer auf Arbeitsmarkt sofort neue Stelle suchen
- In koordinierten Ländern sind Arbeitnehmer nicht darauf angewiesen, jederzeit eine beliebige Beschäftigung anzunehmen

2. Koordinierte und liberale Marktwirtschaften als Folge institutioneller Komplementaritäten
- Liberale und koordinierte Marktwirtschaften unterscheiden sich danach, ob ihre Unternehmen sich über Markt abstimmen oder andere, mitunter leistungsfähigere Lösungen finden
- These von Hall und Soskice: Nicht-marktliche, koordinierte Institutionen erhöhen in einem Bereich die Effizienz von nicht-marktlichen Institutionen in anderen Bereichen
- Marktliche, liberale Institutionen in einem Feld erhöhen die Effizienz liberaler Institutionen in einem anderen Feld

Koordinierte Marktwirtschaften
- Aus einzelnen Elementen wird zusammenhängendes System, das mehr als die Summe seiner Einzelteile darstellt
- Unternehmen, die sich jederzeit am Markt orientieren müssen, können Belegschaft schlechter langfristige Verträge anbieten als Unternehmen, die ihre Belegschaft auch in einer Phase wirtschaftlicher Schwäche halten können
- Stärken eines koordinierten Produktionssystems: Maximierung der Vorteile kooperativen Verhaltens

- Koordination ermöglicht hohe Qualität der erzeugten Produkte → Vorteile bei Herstellung von Produkten mittlerer Technologie und Überlegenheit in Branchen mit inkrementellen Innovationen
- Erzeugt hohes Maß an sozialem Frieden
- Nachteil: Geringe Flexibilität der Unternehmen

Liberale Marktwirtschaften
- Unternehmen können flexibel auf Marktveränderungen reagieren, sind nicht durch kollektive Lohnabsprachen, Mitspracherechte der Arbeitnehmer oder langfristige Kredite gebunden
- Unternehmen mit neuer Idee kommen schnell an die nötigen Arbeitskräfte und Kapital
- Können danach schnell Kapital und Arbeitskräfte wieder abstoßen
- Flexibler Arbeitsmarkt sorgt dafür, dass Unternehmen schnell Arbeitnehmer bekommen, wenn sie bestimmte Qualifikationen benötigen
- Flexibilität der Arbeitsmärkte wird dadurch unterstützt, dass es kaum Tarifverträge gibt → Unternehmen können über Löhne Arbeitnehmer abwerben
- Marktlichen und nicht-marktlichen Aspekte einer Marktwirtschaft stehen nicht isoliert nebeneinander, sondern unterstützen sich gegenseitig

- „Index of Economic Freedom": Bildet ab, wie sehr ein Land es erlaubt, nach Marktprinzipien zu arbeiten, zu produzieren, zu investieren und zu konsumieren und inwieweit Arbeitskräfte, Güter und Kapital sich nach Marktprinzipien bewegen können → Eindeutige Gruppierung in liberale und koordinierte Marktwirtschaften

Beneficial Constraints statt freiwilliger Selbstregulierung
- „beneficial constraints" (Wolfgang Streeck): Unternehmen bilden ihr Potential nicht voll aus, wenn man ihnen freie Hand lässt → Weigern sich, über unmittelbaren Bedarf hinaus zu investieren, weil sie lieber konsumieren wollen
- Brauchen manchmal eine harte Hand und müssen zu ihrem Glück gezwungen werden
- Beispiel: Deutsche Mitbestimmung ist zunächst gegen Widerstand der Arbeitgeber durchgesetzt worden und dabei gerade nicht mit dem Argument ihrer ökonomischen Effizienz verteidigt worden, sondern mit dem demokratischen Argument, dass Arbeiter in ihrem Betrieb mitbestimmen sollten
- Trotzdem konnten viele deutsche Unternehmen erst erfolgreich werden, weil sie aufgrund der Gesetzeslage der Mitbestimmung langsam lernten, mit ihrer Belegschaft zu kooperieren → Lernprozess hätte nicht eingesetzt, wenn Unternehmen nicht zur Einführung der Mitbestimmung gezwungen worden wären
- Als Massenproduktionsmärkte gesättigt waren, konnte Deutschland mit seiner über Bedarf ausgebildeten Arbeitnehmerschaft auf einmal in Nischen Erfolge verbuchen, in denen es darauf ankam, besonders gute und genau angepasste Produkte herzustellen → War Vorteil, über Jahrzehnte hinweg stärker auszubilden, als Unternehmen es in ihrem eigenen kurzfristigen Interesse selber getan hätten
- Dass deutsche Unternehmen gar nicht versuchten, die profitabelsten Produkte herzustellen, sondern auch gesellschaftlich so eingebettet waren, dass sie die technisch besten Produkte herstellen wollten, führte langfristig dazu, dass sie profitabler produzierten als britische
- Vermeintlichen deutschen Einschränkungen wurden mit der Zeit zu „beneficial constraints" für Unternehmen → Hätte man ihnen freie Hand gelassen, einfach nur möglichst schnell möglichst hohe Gewinne zu machen, hätten sie diese Spitzenposition und damit langfristig auch hohe Gewinne nicht erreicht
- Beneficial constraints stammen aus Traditionen/Geschichte → kein geplanter Einsatz
- Gibt nie Garantie, dass ein Constraint (Einschränkung) langfristig wirtschaftlich sinnvoll sein wird → Helfen aber immer, gesellschaftspolitisch sinnvolle Ziele zu erreichen
- Unternehmen wehren sich zunächst gegen einschränkende Institutionen, unterstützen sie aber, sobald sie festgestellt haben, dass diese sinnvoll sind
- „Beneficial constraints" gibt es vor allem in koordinierten Marktwirtschaften

- Koordinierte Marktwirtschaften nutzen beneficial constraints, liberale Marktwirtschaften freiwillige Selbstregulierung

Voice statt Exit
- Einfluss der Gewerkschaften in Deutschland beschränkt: Keine Gewerkschaft und kein Betriebsrat können eine Geschäftsleitung langfristig daran hindern, Produktion zu verlagern, die woanders profitabler ist
- Unterscheidung von drei Arten der Reaktion (Albert Hirschman):
  - Loyal bleiben („Loyality")
  - Dagegen protestieren („Voice")
  - Abhauen („Exit")
- Institutionen in koordinierten Marktwirtschaften ermöglichen „Voice" statt „Exit"
- Gefangenendilemma: Wenn Gefangene Möglichkeit gehabt hätten, sich abzusprechen, also „Voice" zu praktizieren, hätten sie sich darüber verständigen können, dass es doch besser wäre, sich nicht gegenseitig zu verpfeifen → Grundidee koordinierter Marktwirtschaften (bieten Möglichkeit/Pflicht, Absprachen zu treffen und sich zu koordinieren, anstatt wegzulaufen)
- Liberale Marktwirtschaften: Unternehmen können sich schnell von ihrer Belegschaft trennen und Aktionäre können ihre Unternehmensaktien schnell verkaufen

Koordination empirisch gemessen
- Länder mit der koordiniertesten Unternehmensführung sind gleichzeitig die mit den koordiniertesten Arbeitsbeziehungen
- Unternehmen in verschiedenen Ländern richten sich umso stärker nach Marktkriterien aus, je liberaler deren Arbeitsbeziehungen sind
- Korrelationen zwischen institutionellen Subsystemen: Länder, die liberale/koordinierte Indikatoren in einem Feld haben, weisen auch liberale/koordinierte Indikatoren in weiteren Feldern auf
- Aber: Frage, ob verschiedene Institutionen auch komplementär sind
- Kann mit Indikatoren nur zeigen, dass Institutionen sich auf der liberal-koordinierten Dimension innerhalb eines Landes ähneln (Institutionen sind oft durchgängig liberal oder durchgängig koordiniert)
- Hall und Gingerich: Wirtschaftswachstum von Ländern ist höher, wenn deren Institutionen entweder durchweg liberal oder koordiniert sind → Fraglich
- Möglicherweise haben Industrien dieser Länder bestimmte Stärken, die andere Länder nicht haben
- Wirtschaftswachstum und wirtschaftlicher Erfolg hängen von so vielen Faktoren ab, dass der Versuch, sie mit nur einer Variable (Kohärenz der Koordination) zu erklären, kritisch zu betrachten ist

3 Vorläufer der VoC-Typologie
Andrew Shonfield, „Modern Capitalism" (1965)
- Fiel auf, dass der französische Staat nach dem Zweiten Weltkrieg Investitionen in bestimmte Industrien förderte und das Land damit strategisch modernisierte
- Großbritannien und USA koordinierten Industrien über den Markt → hatten keine Möglichkeit, strategisch zu planen
- Shonfield stellte fest, dass Länder, die in ihre Wirtschaft eingriffen (sie koordinierten) höhere Wachstumsraten hatten

Korporatismusdebatte
- Wurzeln in 1970er Jahre „Ölpreisschock": Öl liefernde OPEC-Länder erhöhten Ölpreise drastisch, Industrieländer konnten auf einmal weniger Öl kaufen konnten, Inflation, Geld wurde weniger wert
- Länder mit zentralisierten Gewerkschaften: Mussten makroökonomische Konsequenzen ihrer Lohnforderungen bedenken

- Kleinere Gewerkschaften mussten nur an ihre Mitglieder denken
- Folge: Staaten mit zentralisierten Gewerkschaften räumten diesen Vorrechte ein → „Repräsentationsmonopol", wofür diese Aufgaben wahrnahmen, die ansonsten Staat erledigt
- Prinzip: In komplexen Gesellschaften müssen Arbeitgeber und Arbeitnehmer Konflikte auf zentraler Ebene am besten austragen (nicht Staat oder Splittergewerkschaften)
- „Korporatistische" Art der Konfliktlösung (Deutschland, Österreich) vs „pluralistische" Tradition angloamerikanischer Länder, in der jede Interessengruppe sich Gehör verschaffen sollte, jedoch keine dabei bevorzugt behandelt werden sollte → Grund: Eigentliche Gewalt zur Erstellung kollektiver politischer Regelungen in einem demokratischen System sollte bei Parlamenten liegen
- Aber: Ist doch ok, wenn Gewerkschaften und Arbeitgeber zu gemeinsamen zentralen Lösungen kommen
- David Soskice (1990): Kommt nicht nur auf Organisation der Gewerkschaften an → Nicht starke Gewerkschaften waren das Geheimnis, sondern organisierte Unternehmen, deren Kooperation teils auch ohne starke Gewerkschaften funktionierte
- Für VoC-Ansatz stellt Debatte zwischen Befürwortern des Korporatismus und des Pluralismus wichtigen Vorläufer dar→ Zeigt, dass Länder mit nicht-marktlich koordinierten Wirtschaftsstrukturen ökonomische Vorteile haben können
- These: Kommt mehr auf Koordination der Unternehmen an als auf Koordination der Arbeitnehmer

Französische Regulationstheorie (Boyer und Hollingsworth)
- These: Kapitalismus führt nicht automatisch zu einem Gleichgewichtszustand, sondern erzeugt immer wieder durch seine Funktionsweise Krisen
- Immer wieder gelingt es Ländern jedoch, durch institutionelle Arrangements die Krisenhaftigkeit des Kapitalismus einzudämmen
- Identifizierte verschiedene Regulationsmodi, in denen Institutionen eine Weile positiv zusammenspielten und der Kapitalismus eine Weile stabil war
- Regulationstheorie entdeckte nicht nur zeitliche Unterschiede, sondern auch Unterschiede zwischen den Ländern, die in etwa mit den Unterschieden des VoC-Anatzes übereinstimmen
- Genauso wie der VoC-Ansatz unterscheidet die Regulationstheorie eine Gruppe von liberalen Produktionssystemen, die den Markt stark nutzen – dies sind die englischsprachigen Länder
- Amable (2003): Unterscheidet fünf Ländergruppen, beruht auf einer statistischen Clusteranalyse (setzte nicht, wie Hall und Soskice zwei theoretisch-analytisch unterschiedene Kapitalismusarten voraus, sondern unterschied Länder anhand von ihren statistischen Indikatoren)
- Problem der Regulationstheorie: An Grundidee wurden immer neue Ideen „angebaut" → Theorie war überfrachtet und nutzlos
- Leistung der VoC-Typologie ist, dass sie relativ „schlank" geblieben ist statt verschiedenste Kapitalismusformen und sogar Zeitepochen auseinanderhalten zu wollen
- VoC fürs Grobe zuständig: generelle Einteilung in zwei Kapitalismusarten
- Regulationstheorie für genauere Einteilung geeignet

Esping-Andersen „Three Worlds of Welfare Capitalism"
- Esping-Andersen klassifizierte Wohlfahrtsstaaten in drei Gruppen
- Gruppen zeichnen sich durch hohe Stabilität bzw. Pfadabhängigkeit aus
- *Liberale Wohlfahrtsstaaten*: Arbeitskraft eines Individuum wird als Gut betrachtet, das zu Marktpreisen gehandelt werden kann
- Individuen können Einkommen auf dem Arbeitsmarkt selbst erzielen → Niedrige universelle Transferleistungen
- Minimale Dekommodifizierung (=Entkopplung der Sozialleistungen von Erwerbstätigkeit)
- Bedarfsgeprüfte Sozialfürsorge
- Stigmatisierung

- Zentrale Rolle des Marktes
- Bescheidene Sozialversicherungsprogramme
- Archetypen: USA, Großbritannien, Dänemark und die Schweiz

- *Konservative Wohlfahrtsstaaten: Gehen über Minimalschutz hinaus*
- Finanzieren sich, indem sie über Pflichtversicherung Teil der Löhne der Arbeitnehmer einbehalten, dafür aber bei Krankheit, Arbeitsunfähigkeit, Arbeitslosigkeit sowie im Alter einen bestimmten Anteil des vorherigen Einkommens als Versicherungsleistung ersetzen
- Sozialversicherungsmodell: Equivalenzprinzip
- Erhalt von Statusunterschieden
- Geringe Umverteilungseffekte
- Transferleistungen an die Familien
- Familienbezogene Dienste unterentwickelt
- Aufrechterhaltung traditionaler Familienformen
- Male-Breadwinner-Modell
- Subsidiaritätsprinzip: Hilfe des Staates, wenn die Familie „versagt"
- Mittlere Dekommodifizierung
- Archetypen: Deutschland, Frankreich, Österreich und Italien.

- *Sozialdemokratischen Länder: Versuchen, jeden gesellschaftlich nach oben zu bringen*
- Unabhängig davon, ob jemand viel oder wenig verdient, kann er dieselben hochqualitativen Kinderbetreuungseinrichtungen, Universitätsstipendien oder Weiterbildungsmaßnahmen nutzen
- Im Umkehrzug akzeptieren die Bürger eine hohe Einkommens- und Mehrwehrsteuer
- Universalistisches System → Gleichheit und Solidarität auf höchstem Niveau
- Umfassende Versorgung aller Staatsbürger
- Sozialleistungen als öffentliche, persönliche Dienstleistungen
- Maximale Dekommodifizierung
- Individuelle Unabhängigkeit
- Verknüpfung von Arbeit und Wohlfahrt
- Hohe Erwerbstätigkeit von Frauen
- Archetypen: Schweden, Norwegen, Finnland.

Michel Albert und der rheinische Kapitalismus
- Grundthese: Jedes Land muss sich nach Ende des Kommunismus entscheiden, entweder einen „rheinischen" oder angloamerikanischen Kapitalismuspfad einzuschlagen
- „Rheinischer Kapitalismus": Arbeitgeber und Arbeitnehmer kooperieren am Arbeitsplatz und in der Gesellschaft kooperieren → Konsens herrscht, wie Güter effizient hergestellt und gerecht verteilt werden können
- Musterbeispiel Deutschland: Gelang, wirtschaftlichen Wohlstand mit einer relativen Gleichverteilung der Einkommen zu verknüpfen
- Angloamerikanische Kapitalismus ist weniger effizient und gerecht, aber ist verführerischer/aufregender, als der langweilige, sichere rheinische Kapitalismus
- Wichtig: Unterscheidung zwischen nur zwei Kapitalismusarten

VoC-Ansatz setzt die Puzzlesteine zusammen
- Hall und Soskice (2001) systematisierten die verschiedenen Ansätze, die es schon gab
- Verbanden Unterschiede zwischen den bisherigen Ansätzen zu zwei Kapitalismuskonzepten: liberal und koordiniert
- Bewerteten nicht eine der beiden Varianten als effizienter oder sozialer, sondern hoben die Vorteile jeder der beiden Varianten hervor
- Lieferten damit wirtschaftliches Argument, warum verschiedene Kapitalismusarten sich bisher nicht angeglichen haben und dies auch in Zukunft nicht tun werden
- Jedes Land weicht von diesen Idealtypen mehr oder weniger stark ab

4. Typologie der Länder
Sechs liberale Länder

- USA, Irland, Kanada, Neuseeland und Australien waren alle Kolonien Großbritanniens
→Politisches System hat die gleichen Wurzeln (regulieren Produktionssystem vorrangig über den Markt)
- Kulturelle Grundlagen des Calvinismus und Protestantismus: Soziale Status soll von der individuellen Leistung abhängen → Länder unterstützen somit ungehinderten Marktaustausch, lehnen sie es ab, dass Gruppen sich koordinieren, um das freie Wirken des Marktes zu beeinflussen

Großbritannien

- Geburtsstätte des liberalen Kapitalismus, typische liberale Marktwirtschaft
- Land stand staatlicher Macht traditionell kritisch gegenüber: Im 17 Jhd zwangen Engländer ihren König, sich dem Parlament zu unterwerfen
- Menschen und Ländern ist am ehesten gedient, wenn niemand sie daran hindert, ihre wirtschaftlichen Eigeninteressen zu verfolgen
- Calvinismus: Gott hilft denen, die sich selbst helfen
- Zurückhaltende, liberale Art der Regulierung zieht sich bis heute durch die britische Wirtschaft
- Britisches Wirtschaftssystem geriet außer Kontrolle, als durch die Ölpreisschocks der 1970er Jahre die Inflation und Arbeitslosigkeit massiv anstieg
- 1980er: Rückkehr zu liberalen Wurzeln: Margaret Thatcher brach Gewerkschaften den Rücken

Unternehmensführung

- Britische Unternehmen haben keinen Aufsichtsrat und Betriebsrat → kein Mitspracherecht für Arbeitnehmer
- EU-Richtlinie: Einrichtung des „shop steward" → Unternehmen können Mitarbeiter informieren und konsultieren (hat keine Mitspracherechte bei unternehmerischen Fragen)
- Kapitalmarkt prägt britische Unternehmen stark

Arbeitsbeziehungen

- Beziehungen zwischen Arbeitnehmern und Arbeitgebern eher von „Exit" als von „Voice" geprägt
- Arbeitnehmer können kaum mit Management kommunizieren, kündigen bei Unzufriedenheit → Beraubt Unternehmen der Betriebs- und Produktkenntnis langjähriger Mitarbeiter, die sie brauchen, um in etablierten Industrien immer bessere Produkte herzustellen
- Großbritanniens Arbeiterbewegung war zwar stark, doch war sie nie zentralisiert, sondern immer in viele Einzelgruppen zersplittert
- Tarifverträge decken nur 20 Prozent der Beschäftigten im privaten Sektor und 72 Prozent der Beschäftigten im öffentlichen Sektor ab

Ausbildungssystem

- Nicht zwischen Gewerkschaften, Arbeitgebern und dem Staat koordiniert → Staatlich zertifizierte National Vocational Qualifications, die nur von Arbeitgebern gemanagt sind
- Weil Großbritannien nicht über notwendige Institutionen zur Koordinierung seines Ausbildungssystems verfügte, veralteten Ausbildungsgänge, die noch auf Handwerkertraditionen zurückgingen (keine Modernisierung)

Unternehmensfinanzierung

- Geringer Regulierungsgrad (Staat soll Markt gewähren lassen)
- London wichtigster Finanzplatz der Welt
- Britische Unternehmen haben leichteren Zugang zu Finanzkapital, müssen dafür jedoch auch kurzfristigen Gewinninteressen ihrer Investoren entsprechen

Wohlfahrtsstaat: Kaum Absicherung, trägt so zur Flexibilität des Arbeitsmarktes bei

USA

- Viele der Immigranten flohen vor repressiven Staaten → Märkte = Freiheit
- Auch heute schätzen Amerikaner Freiheit und Verantwortung des Individuums sehr hoch
- Staat beschränkt sich darauf, die Bedingungen für uneingeschränkte Konkurrenz zu sichern → USA ist liberalstes Land

Arbeitsbeziehungen

- Gewerkschaften und Arbeitgeberverbände können Löhne kaum koordinieren → Einzelne Firmen können aus kollektiven Vereinbarungen aussteigen
- Amerikanische Gewerkschaftsbewegung ist relativ zersplittert

Unternehmensführung

- Bis in 1970er Jahre schützten sich amerikanische CEOs vor Übernahmen und Marktschwankungen, indem sie riesige Unternehmenskonglomerate aufbauten mit unterschiedlichen Produktsparten die sich in Schwächephasen gegenseitig unterstützten
- Nachdem Aktien amerikanischer Unternehmen in 1970er Jahren stagnierten, wurde Agency Theorie entwickelt → Manager sollen Unternehmen im Sinne der Aktionäre steuern
- Auch sollten sich Unternehmen auf eine Kernkompetenz konzentrieren
- Damit CEOs Interesse daran haben, hohen Aktienpreis zu erzielen, wurde ihr Gehalt als Unternehmensaktien ausgezahlt → Problem: Handelte sich um „Optionen", Vorstände konnten Unternehmensaktien beim Austritt aus Unternehmen zu dem Preis kaufen, den sie bei ihrem Eintritt ins Unternehmen Wert waren
- Erhöhte Risikobereitschaft, auch Finanzierung der Investitionen über Schulden
- Folge: Konsequent kurzfristige Gewinnverfolgung (Finanzkrise 2008 begann in USA)
- „Exit": Dezentralisierte und unregulierte Arbeitnehmer-Arbeitgeber-Beziehungen machen es dem Management einfach, Arbeitnehmer zu entlassen → MA halten sich mit Kritik zurück, können aber auch nicht Produkte oder Produktionsprozesse verbessern
- Aktienkurs: Manager müssen Erwartungen noch übertreffen, sonst kann trotz eines guten Ergebnisses der Aktienkurs sinken
- Aktien werden hauptsächlich von Investoren gehalten, für die nur der Gewinn zählt
- Amerikanische System der Unternehmensführung zwingt Vorstände zu spektakulären Gewinnen → Entstehung von hochprofitablen, aber auch innovativen Unternehmen
- Nachteil: Spektakuläre Firmenzusammenbrüche
- Unternehmensführung, die außer kurzfristigen Gewinnmaximierungsinteressen kaum Rücksicht auf langfristige Strategien oder Belegschaft nehmen kann
- Pflichten, die Vorstände in koordinierten Marktwirtschaften gegenüber Arbeitnehmern haben, haben sie in liberalen Marktwirtschaften gegenüber den Kapitalgebern → Sorgt für Höchstleistungen, was die Börsenkurse von Unternehmen angeht

Ausbildungssystem

- Differenziertes universitäres Bildungssystem mit den besten Universitäten der Welt
- Alles (auch deutsche Ausbildungsberufe) werden von Colleges abgedeckt
- Ausbildungssystem orientiert sich an Qualifikationen, die der Markt verlangt

Firmenbeziehungen

- Unternehmen kaufen Konkurrenten oder potentielle Kooperationspartner einfach auf
- Große Unternehmenskonglomerate lösten sich in 1980er Jahren auf, als Unternehmen sich auf ihren Kernbereich konzentrierten, weil Investoren dies von ihnen verlangten
- Ausnahme: Regierung kooperiert mit Unternehmen in der Rüstung und Raumfahrt
- USA hat regionale Unternehmensnetzwerke, in denen Kooperation stattfindet (zB Silicon Valley) → Grund: Persönliche Bekanntschaften, die die durch Verbände verwaltete Unternehmenskooperationen ersetzen, da auch sie Vertrauen ermöglichen
- Unternehmenskooperationen weniger wichtig wegen flexiblem Arbeitsmarkt

- Keine gesetzliche Kündigungsfrist → Unternehmen können sich Wissen anderer Unternehmen aneignen, indem sie deren Arbeitskräfte abwerben
- USA und Großbritannien sind Idealtypen für liberale Marktwirtschaften der VoC-Literatur

Irland
- Irland war bis 1922 Teil von Großbritannien, 90 Prozent seiner Bevölkerung sind aber katholisch → Produktionssystem zeigt liberale Elemente aufgrund des britischen Einflusses und konservative aufgrund des katholischen Einflusses
- Irland weicht vom idealtypischen Liberalismus ab, da es lange Zeit Absprachen auf nationaler Ebene zwischen Gewerkschaften, Staat und Arbeitgebern gab
- Mittlerweile sind diese zusammengebrochen, Irland eher typisch liberale Marktwirtschaft
- „Liberal-korporatistisches" Modell: Irland enthält Elemente beider Typen enthält/enthielt

Arbeitsbeziehungen
- Irland befürwortete wie Großbritannien freien Handel, niedrige Staatsausgaben und Steuern → Keine Eingriffe in den Markt und gewerkschaftsfeindliche Linie
- Mitte der 1980er Jahre: Ökonomische Krise → Gewerkschaften übten im Einvernehmen mit den nationalen Arbeitnehmerverbänden Lohnzurückhaltung, wofür die Regierung im Gegenzug die Einkommenssteuern nicht erhöhte
- Diese nationalen Lohnvereinbarungen brachten Koordination mit sich, die für liberale Marktwirtschaften außergewöhnlich ist
- Nationalen Lohnverhandlungen kamen im Zuge der Finanzkrise zum Erliegen → Irische Arbeitsbeziehungen wieder typisch liberal
- Mitsprache der Belegschaft spielte in irischen Unternehmen keine große Rolle

Unternehmensführung
- Wegen EU-Richtlinien gibt es Corporate Governance-Elemente koordinierter Marktwirtschaften
- Aber irisches System bleibt grundlegend individualistisch da ein großer Teil der Arbeitnehmerrechte vor Arbeitsgerichten und Kommissionen einklagbar ist und nicht durch Gewerkschaften und Betriebsräte durchgesetzt wird
- Arbeitnehmer sind nicht bei Unternehmensentscheidungen beteiligt

Wohlfahrtsstaat
- Wohlfahrtsstaat ist im Vergleich zu anderen liberalen Ländern relativ gut ausgebaut

Kanada
- Liberales Land, aber Regelungen gehen nicht so weit wie in USA oder Großbritannien
- Kanada hat im Vergleich zu den USA einen weniger deregulierten Finanzmarkt, einen umfangreicheren Wohlfahrtsstaat, kollektive Tarifverträge decken mehr Beschäftigte ab

Unternehmensführung
- Keine Arbeitnehmermitbestimmung → Druck entsteht durch Gefahr, bei nachlassenden Gewinnen und sinkenden Aktienkursen von Konkurrenten aufgekauft zu werden
- Kaum Banken oder Großaktionäre sind im Besitz einer Aktienmehrheit und können Unternehmen damit vor feindlichen Übernahmen schützen
- Kurzfristiger Kapitalmarktdruck auf kanadische Unternehmen ist höher als in Deutschland und Frankreich, aber nicht so hoch wie auf britische oder US-amerikanische Unternehmen

Arbeitsbeziehungen
- Arbeitnehmerinteressen werden nicht in großen Gewerkschaften gebündelt
- Arbeitsbeziehungen sind individualistisch, Arbeitnehmer nicht durch Gewerkschaft vertreten

- Löhne werden vorrangig auf der Ebene des Unternehmens ausgehandelt
- Trotzdem ist Kanada auch hier nicht so liberal wie die USA

Unternehmensfinanzierung
- Börsenorientiertes Finanzierungssystem
- Kanadische Liberalisierung der Finanzmärkte ging nie so weit wie die amerikanische oder britische

Wohlfahrtstaat: Liberaler Wohlfahrtsstaat

Neuseeland
- Auch Neuseeland übernahm Grundidee des freien Marktes und des Individualismus von Großbritannien, entwickelte jedoch auch sozialdemokratische Elemente
- Regelte Arbeitsbeziehungen durch Schiedsgerichte → Weder durch Absprachen von Arbeitgebern und Gewerkschaften, noch durch den freien Markt
- Wenn sich Arbeitnehmer und Arbeitgeber der einzelnen Wirtschaftssektoren nicht auf Lohnsteigerungen einigen können, bestimmt das Schiedsgericht die Lohnsteigerungen, die für niedrig entlohnte Arbeiter ungefähr gleich hoch waren, wie für besser verdienende, so dass Löhne nicht auseinanderdrifteten
- Neuseeland erreichte dadurch eine egalitäre Einkommensverteilung → Typisch für Länder mit sozialdemokratischem Wohlfahrtsstaat
- Schiedsgerichtshof übernahm Aufgaben, die in koordinierten Ländern starke Gewerkschaften alleine erledigen, indem er Löhne landesweit und branchenbezogen festlegte
- „Wage earner welfare state"
- Seit 1980er Jahre sind Neuseelands Arbeitsbeziehungen typisch liberal
- Insgesamt ist Neuseeland liberales Land mit sozialdemokratischem Erbe → weniger liberal als USA oder Großbritannien
- Aber von „wage earner welfare state", der Bürger über soziale Löhne absicherte, ist nichts übrig geblieben, seit sich Neuseeland in 1980er Jahren an Großbritannien und USA orientierte und explizit deren Regulierungsideen übernahm

Unternehmensführung
- Bei Unternehmensführung orientierte sich Neuseeland an Großbritannien
- Vorstände müssen sich nicht mit Arbeitnehmern abstimmen
- Aber Kapitalmarkt ist weniger ausgebaut als in anderen liberalen Ländern, so dass sich neuseeländische Unternehmen weniger als britische oder amerikanische Unternehmen vor feindlichen Übernahmen schützen müssen
- Marktdruck ist weniger stark als in Großbritannien oder USA
- Bei Arbeitsbeziehungen und Unternehmensfinanzierung zeigt sich Liberalisierungstrend
- Wohlfahrtsleistungen liegen in der Mitte der liberalen Länder

Australien
- „Wage earner" Wohlfahrtsstaat, im Gegensatz zu Neuseeland bis heute geblieben
- Ähnliche Verteilung von Einkommen, wie sie typisch für koordinierte Marktwirtschaften ist

Arbeitsbeziehungen
- Australien schwenkte wie Neuseeland, in 1980er Jahren auf einen von den USA inspirierten neoliberalen Kurs ein
- Im Unterschied zu Neuseeland gibt es in Australien bis heute Schiedsgerichte, die eine an sozialen Kriterien orientierte Lohnhöhe festsetzen
- Gibt korporatistische Strukturen, Gewerkschaften sind nicht so zersplittert wie in den meisten liberalen Ländern

Unternehmensführung
- Keine Arbeitnehmermitbestimmung

- Australien deregulierte sein System industrieller Beziehungen, gab Wechselkurs frei und liberalisierte Finanz- und Produktmärkte
- Kapitalmarktdruck auf australische Unternehmen ist nicht ganz so hoch wie in anderen liberalen Ländern
- Liberales Produktionssystem

Ähnlichkeiten der sechs liberalen Länder
- USA, Irland, Kanada, Neuseeland und Australien haben alle liberale Tradition von Großbritannien geerbt
- Mit Ausnahme Irlands hat jedes dieser Länder heute fragmentierte Arbeitsbeziehungen → Lohnverhandlungen finden individuell oder auf Unternehmensebene statt, sind jedoch nicht zwischen Unternehmen koordiniert
- Ermöglicht den Unternehmen flexible Lohndifferenzierungen und damit Möglichkeit, sich schnell anzupassen
- Keines der Länder hat Mitbestimmungsrechte für Arbeitnehmer im Unternehmen → Macht Unternehmen flexibler und schneller anpassungsfähig
- Nachteil: Schwierig, mit ihrer Belegschaft langfristig zu kooperieren
- Haben Nachteil gegenüber Unternehmen in koordinierten Ländern: Haben keine Möglichkeit, strategisch zu handeln, indem sie sich absprechen
- Können in Situationen (Gefangenendilemma) nicht zu beiderseitigem Vorteil kooperieren
- Können sich nicht mit Arbeitnehmern absprechen, weil es dafür keine Institutionen gibt
- Können sich nicht mit Kapitalgebern strategisch absprechen, beispielsweise wenn sie einmal längerfristig Kapital brauchen, weil ihre Kapitalgeber zersplittert sind
- In Irland und Australien, die für liberale Länder vorher relativ zentralisierte Arbeitsbeziehungen hatten, konnten Reformen auch stattfinden, indem Regierungen sich mit Gewerkschaften abstimmen
- Heute bieten die liberalen Länder gutes Umfeld für Unternehmen, die sich schnell an veränderte Umstände anpassen müssen
- Niedrige Sozialabgaben befördern außerdem dynamischen privaten Dienstleistungssektor → Hohe Beschäftigungsquote und Stärke in radikalen Innovationen
- Nachteil: Hohe Lohnspreizung und hohe Flexibilitätsanforderungen an Arbeitnehmer

Die zehn koordinierten Länder
- Gemeinsamkeit: Schränken Markt ein und koordinieren dadurch ihre Wirtschaft
- Skandinavische Länder sind sozialdemokratisch-koordiniert statt konservativ-koordiniert

Deutschland
- „Flaggschiff" der VoC-Typologie
- Sozialpartnerschaft in den Arbeitsbeziehungen beruhte auf Deutschlands konservativem Sozialstaat – was im Übrigen auch für andere kontinentaleuropäische Länder gilt

Unternehmensführung
- Duale Unternehmensführungsstruktur mit einem Vorstand und einem Aufsichtsrat
- Deutsche Besonderheit ist starke und unabhängige Rolle des Aufsichtsrates, der den Vorstand kontrolliert
- Durch Aufsichtsrat können Arbeitnehmer im Unternehmen mitbestimmen
- Diese starke Form der Unternehmensmitbestimmung ist weltweit einzigartig
- Betriebsrat ist befugt, die Interessen der Beschäftigten mit allen rechtlichen Mitteln zu vertreten
- Deutsches Unternehmensführungssystem setzt auf vertrauensvolle Zusammenarbeit mit den Arbeitnehmern
- Betriebsrat kann bei Massenentlassungen Sozialplan verlangen, der die Entlassenen entschädigt
- Kann bei allen Entscheidungen mitreden, die die Belegschaft betreffen

- Aber auch Institution des Betriebsrats ist unter Liberalisierungsdruck geraten → Früher haben Betriebsräte stärker die übergeordneten Interessen der Gewerkschaft verteidigt (und Flächentarifvertrag), heute denken sie zusammen mit Management eher an Überleben „ihres" Unternehmens und der Kernbelegschaft
- Betriebsrat als „Ko-Management": Repräsentiert nun weniger Beschäftigen oder Gewerkschaft gegen das Management, sondern handelt mit Management die Unternehmensstrategie aus

Vorstand
- Je nach Unternehmensgröße hat der Vorsitzende mehrere Kollegen und darf nicht gegen deren Mehrheit entscheiden
- Atmosphäre zwischen Unternehmensleitung und Beschäftigten ist vertrauensvoll
- Nachteil: Mitbestimmungsinstitutionen machen Unternehmen unflexibel, da sie sich mit ihrer Belegschaft absprechen müssen
- Traditionell ist Aktienwertorientierung in deutschen Unternehmen wenig ausgeprägt
- Mittelständische Unternehmen brauchen keine externen Finanzmittel, da sie von einer Familie gehalten und gemanagt werden
- Zeigte sich lange Zeit darin, dass deutsche Unternehmen relativ niedrig bewertete Aktien hatten, stärker investierten, dafür aber weniger profitabel waren
- Aber System ist unter Druck geraten: Aktienwert-Orientierung von Unternehmen nimmt zu, Interessen der Aktionäre beeinflussen Unternehmen also immer mehr
- Aber Aktionäre sind immer nur eine der relevanten Stakeholdergruppen
- Sonderweg durch Mitbestimmungsmöglichkeiten von Arbeitnehmern: Erleichtert Anpassung an Aktienwert-Orientierung ohne Betriebsfrieden zu zerstören
- Langfristig macht Arbeitnehmerbeteiligung Unternehmen möglicherweise produktiver und rentabler
- Auf einer Skala liegt Deutschland immer noch am kooperativen Ende

Die deutschen Arbeitsbeziehungen: Sektorale Koordination
- Arbeitgeber und Arbeitnehmer kooperieren überbetrieblich in sektoralen Arbeitsbeziehungen
- Arbeitgeberverbände und Gewerkschaften handeln Lohnabschlüsse aus, die als Tarifvertrag gelten und dafür sorgen, dass Unternehmen für Arbeiten desselben Qualifikationsniveaus auch denselben Lohn zahlen
- Vorteil für Unternehmen: Müssen nicht mit jedem einzelnen Beschäftigten Löhne aushandeln (sparen Zeit)
- Gibt in Deutschland keine mächtige zentrale Einheitsgewerkschaft, aber IG Metall (2,3 Millionen Mitglieder) und verdi (2,2 Millionen Mitglieder)
- Müssen die gesamtwirtschaftlichen Konsequenzen ihres Handelns in Betracht ziehen → Nur maßvolle Lohnforderungen, sonst Inflation und Arbeitslosigkeit
- Kleinere Einzelgewerkschaft können gesamtgesellschaftliche Folge ihres Handelns außer Acht lassen

Arbeitgeberseite
- BDA (Bundesverband der deutschen Arbeitgeberverbände) repräsentiert 14 Landesvereinigungen der Arbeitgeber und 54 Verbände aus verschiedenen Wirtschaftssektoren
- Bündelt deren Meinungen zu Themen der Sozialpolitik und vertritt die gebündelte Meinung seiner Mitglieder gegenüber der Politik
- BDI (Bundesverband der Deutschen Industrie) repräsentiert 38 Verbände aus verschiedenen Industriebranchen und 16 Verbände der Bundesländer
- Versucht, unternehmensfreundliches Investitionsklima zu schaffen
- BDI ist der mächtigste Verband in Deutschland
- Problem: Dienstleistungssektor ist schwach repräsentiert, obwohl er 70 Prozent der deutschen Wirtschaftsleistung ausmacht

- Industrie- und Handelskammern übernehmen Aufgaben, um die sich in anderen koordinierten Ländern der Staat und in liberalen Ländern der Markt kümmern würde
- Zwangsmitgliedschaft
- Industrie- und Handelskammern unterstützen Unternehmen bei Exporten, beraten in Steuerfragen, zum Arbeitsrecht und nehmen Abschlussprüfungen der Auszubildenden ab

- Deutsche Verbändelandschaft ist unübersichtlich →System, das Unternehmen durch regional und sektoral spezifische Unternehmerverbände gerecht wird und Stimme „der" Industrie oder „der" Arbeitgeber gegenüber der Politik repräsentiert
- Für kleine und mittelgroße Unternehmen ist Verbändelandschaft jedoch wichtig → Benötigen oft Verbände, um größere Aufgaben erledigen zu können
- Besonderheit: Unternehmen stehen nicht nur durch Markt zueinander in Konkurrenz; sie arbeiten auch über Verbände zusammen
- „beneficial constraint": Arbeitgeber können Löhne nicht senken → Andere Maßnahmen wie Prozess- und Produktinnovationen (Unternehmen konkurrieren eher über Qualitäts- als über Preiswettbewerb)
- Folge der Koordinierung: Wenig Streiktage
- Problem: Arbeitnehmer mit hohem Streikpotential (Lokführer, Ärzte, Flugbegleiter, Piloten) gründen eigene Gewerkschaften → Unverhältnismäßige Lohnforderungen
- Heute mehr Flexibilität: IG Metall lässt Abweichungen vom Tarifvertrag zu wenn Unternehmen in Schwierigkeiten ist und mit der Abweichung Arbeitsplätze retten möchte → System kann das bis zu einem gewissen Grad verkraften, dass sich Arbeitnehmer und Arbeitgeber kollektiven Lohnvereinbarungen entziehen
- Problem: Nur wenig Beschäftigte in Gewerkschaften → Sinnvoll dass die Löhne aushandeln?
- Bisheriger Trend geht stärker in Richtung Liberalisierung als Koordinierung

Ausbildungssystem
- Arbeitgeberverbände, Gewerkschaften und Kammern koordinieren Ausbildung
- Besonderheit: Nicht der Staat (wie in Schweden oder Frankreich) oder der Markt (wie in den USA) regelt Ausbildungssystem, sondern Verbände
- Deutsches Ausbildungssystem ist das koordinierteste → Akteure (Gewerkschaften, Arbeitgeberverbände, Unternehmen und der Staat als Überwacher) sprechen sich am intensivsten ab
- Problem: Immer mehr schwer vermittelbare Jugendliche werden in „Warteschleifen" gesteckt, weil ihnen die Fähigkeiten für eine Berufsausbildung fehlen

Die deutsche Unternehmensfinanzierung: Stabilität durch Hausbanken
- Deutsche Bank, Dresdner Bank, Commerzbank
- Für Mittelstand spielen Sparkassen traditionell eine wichtige Rolle
- Traditionell arbeiten deutsche Unternehmen eng mit einer „Hausbank" zusammen
- Hausbank hält ein Anteil am Unternehmen, ist im Aufsichtsrat vertreten und kennt Unternehmen als „Insider"
- Über Aufsichtsratssitze kontrollieren deutsche Hausbanken Unternehmen → Einblick in das Risiko einer Kreditvergabe, ermöglichen über „geduldige" Kredite langfristige Investitionen und greifen in Schwächephasen unterstützend ein
- Traditionell schwer, kurzfristig an Kapitel für risikoreiche Investitionen zu kommen
- Trend: Weg von Universalbanken → Umstrukturierung der Geschäftsbereiche (Trennung von Investment- vom Einlagen- und Kreditgeschäft → Interessenkonflikt der einzelnen Geschäftsfelder)
- Folge: Banken ziehen sich zunehmend aus Unternehmensbeteiligungen zurück → Anonymisierte, objektivierbare Finanzbeziehungen treten an Stelle persönlicher Insiderbeziehungen → Bedeutung des Kapitalmarkts zu Lasten der Bankenfinanzierung nimmt zu
- Aber Finanzmarkt noch lange nicht so wichtig wie in USA oder Großbritannien

- Negative Erfahrungen auf amerikanischen Kapitalmarkt → Banken kehren wieder zu stabilitätsorientierte und langfristige Kredite an deutsche Unternehmen zurück
- Besonderheit Deutschland: 39 Prozent aller Unternehmensanteile werden von anderen Unternehmen gehalten → Unternehmen schützen sich gegenseitig vor feindlichen Übernahmen

Die deutschen Unternehmensbeziehungen: Kooperation durch Verbände
- Deutsche Unternehmen koordinieren in Situationen, die dem Gefangenendilemma entsprechen
- Grund: Da in Deutschland durch Mitbestimmung und sektoral ähnliche Löhne langfristige Beschäftigungsverhältnisse vorherrschen, können deutsche Firmen sich nicht auf einen flexiblen Arbeitsmarkt verlassen, um Know-how aus anderen Firmen zu akquirieren → Arbeiten oft in kooperativen Firmennetzwerken zusammen
- Unternehmen müssen sich nicht gegenseitig aufkaufen, um an Technologien zu kommen → Deshalb gibt es in Deutschland viele kleine und mittelgroße Unternehmen
- Äußere Instanz um sicherzustellen, dass kein Unternehmen vertrauliche Informationen stiehlt → Verbände und Bundeskartellamt
- Enge Beziehungen zu Zulieferern → Beziehungen sind oft asymmetrisch
- Reaktion Staat: Bürgerliches Gesetzbuch und Handelsgesetzbuch → Staat greift in Inhalt privatrechtlicher Verträge zwischen Unternehmen stärker ein, als es Staaten mit liberalen Marktwirtschaften tun, damit Kooperationen nicht an Machtasymmetrie leiden
- Durch Internationalisierung der Zulieferstruktur erodierten „vertikale" Netzwerke zwischen Zulieferern und Endherstellern
- Auch hier Trend in Richtung einer Liberalisierung → Trotzdem ist Deutschland immer noch weit von typischer Funktionsweise liberaler Marktwirtschaften entfernt

Der konservative deutsche Wohlfahrtsstaat als Garant spezifischer Qualifikationen
- Arbeitnehmer in koordiniertem Unternehmen verbessert spezielles Produkt immer weiter, wozu er auf das Produkt bezogene Fähigkeiten benötigt
- Folge: Staat federt Arbeitslosigkeit finanziell ab, damit Arbeitnehmer spezielle Qualifikation lernen, auch wenn diese ihre Flexibilität auf dem Arbeitsmarkt verringert
- Arbeitslosenversicherung ist jetzt nicht mehr so lebensstandardsichernd wie früher
- Wohlfahrtsstaat heute bei Lohnersatzleistungen liberaler als früher
- Deutschland heute längst nicht mehr so koordiniert wie es einmal war → Alle relevanten Institutionen der VoC-Typologie wurden liberalisiert
- VoC-Typologie hat noch Gültigkeit → Gibt immer noch grundlegende Unterschiede zwischen koordinierten und liberalen Marktwirtschaften

Österreich
- Österreich zweites Modellbeispiel für koordinierte Marktwirtschaften
- Schaffung egalitärer Einkommensverhältnisse war kein Ziel
- Regionale und soziale Spaltungen verhinderten lange Zeit eine umfassende nationale Koordinierung wie in den skandinavischen Ländern
- Österreich ist auch geprägt durch starken Katholizismus, der Zusammenschluss gesellschaftlicher Gruppen förderte, was wirtschaftliche Koordination vereinfachte
- Staat half Verbände aufzubauen um dadurch auch selbst Unterstützung zu gewinnen
- Koordination der Wirtschaft in Österreich und Deutschland ist ähnlich → Beide Länder haben Wirtschaftsordnung, in der langfristige Perspektiven dominieren
- Beide Länder haben Gewerkschaften und Unternehmen, die miteinander kooperieren, weil sie sich aufgrund der institutionellen Struktur der wirtschaftlichen Regulierung aufeinander verlassen können

Unternehmensführung: Duale Unternehmensführungsstruktur
- Unternehmen müssen sich mit Belegschaft abstimmen, System aber nicht so strikt wie in Deutschland

- Gewerkschaften können nicht in Unternehmen hineinregieren (nicht im Betriebsrat zugelassen)
- Kapitalmarkt spielt kaum eine Rolle

Arbeitsbeziehungen
- Besonderheit: Mit Gewerkschaftsbund, Arbeiterkammer, Wirtschaftskammer und Landwirtschaftskammer gibt es national zentralisierte Verbände, die die Wirtschaft koordinieren können → Verhandeln über Sozialpolitik und Arbeitsgesetzgebung
- Korporatismus in Reinform
- Anders als in Deutschland sind es nicht Verbände (denen Unternehmen freiwillig angehören), sondern Kammern (zu denen Unternehmen gehören müssen), die mit Gewerkschafen über Löhne verhandeln
- Obwohl nur 32 Prozent aller Beschäftigten gewerkschaftlich organisiert sind, erfassen Tarifverträge 98 Prozent aller Beschäftigten, da sie auf ganze Branchen ausgedehnt werden
- Trend: In 1990er Jahren hat Regierung die Verbände kaum am Politikprozess teilhaben lassen
- Österreichisches System schränkt Freiheit der einzelnen Firmen ein, Löhne festzulegen → Aber hat Vorteil, dass es in Österreich seit 2005 keinen industriellen Konflikt gab

Ausbildungssystem: Ähnlich dem deutschen System, aber Staat subventioniert Unternehmen, damit diese ausbilden

Wohlfahrtsstaat: Österreichische Arbeitnehmer sind im Vergleich recht gut abgesichert

Niederlande
- Typisch koordiniertes Land, aber Weg dorthin war weit → Religiöse Spaltungen erschwerten die Koordination
- Bis nach 2. WK war Niederlande gesellschaftlich in katholischen, protestantischen und calvinistischen Teil gespalten → Nationale Koordination kam nicht zustande
- Erschwerend kommt hinzu, dass Calvinisten liberale Regulierung der Wirtschaft befürworteten, während Katholiken eher konservativ sind

Arbeitsbeziehungen
- Weil niederländische Gesellschaft so zersplittert war und nationale Koordination unmöglich, fanden Lohnverhandlungen lange Zeit nur auf Unternehmensebene statt
- Nach 2. WK etablierten die Niederlande den Sozial-Ökonomischen Rat → Staat, Gewerkschaften und Arbeitgeber stimmen sich landesweit ab → war erfolgreich

Unternehmensführung
- Typisch koordiniert → Betriebsrat, der Interessen der Beschäftigten vertritt und diese mit Unternehmensinteressen in Einklang bringen soll

Ausbildungssystem
- Niederlande hatte lange kein koordiniertes Ausbildungssystem
- Als gesellschaftliche Polarisierung abnahm, begannen Sozialpartner neben Aushandlung von Löhnen auch ein Ausbildungssystem aufzubauen → Stimmten sich über Ausbildungsgänge ab
- Zeigt dass Koordination in einem Feld Koordination auf einem anderen Feld unterstützt → Länder oft durchgehend liberal oder durchgehend koordiniert

Wohlfahrtsstaat
- Strenger Kündigungsschutz: Wenn Unternehmen jemandem kündigen will, muss das örtliche Arbeitsamt zustimmen (nur wenn Unternehmen für Kündigung gute Gründe nennen kann)

Belgien
- Extreme gesellschaftliche Spaltungen
- Seit Gründung 1830 ist Belgien geteilt in Flandern (holländisch, katholisch und agrarisch geprägt) und Wallonien (französischsprachige, traditionell sozialistische und industriell geprägt)
- Darum lange Zeit keine nationalen, sondern nur wallonische und flämische Parteien, Gewerkschaften, Kranken- und Arbeitslosenversicherungen
- Belgischen Gewerkschaftskonföderationen sind immer noch entlang traditioneller gesellschaftlicher Konfliktlinien gespalten
- Neben der gesellschaftlichen Spaltung, die es erschwert, die Wirtschaft auf nationaler Ebene zu beeinflussen, ist Belgien auch durch verschiedene Regulierungsideen beeinflusst → Durch Frankreich im französischsprachigen Teil, durch die stärker koordinierten Niederlande im flämischen Teil

Unternehmensführung und Finanzierung
- Ähnlich wie französische, Unternehmen haben keinen Aufsichtsrat, sondern nur Vorstand
- Belgische Regulierung bevorzugt Großaktionäre, da nicht jede durch Aktienkauf erworbene Aktie auch über ein Stimmrecht verfügt
- Keine Dominanz des Aktienmarktes → Banken halten viele belgische Unternehmensanteile → Markt für Unternehmenskontrolle ist entsprechend schwach ausgebaut
- Belgische Unternehmen müssen keine Arbeitnehmervertreter in Vorstand berufen
- Mitbestimmungsrechte des Betriebsrats gehen nicht so weit wie in deutschen, österreichischen und holländischen Unternehmen
- Besonderheit: „Gewerkschaftsdelegation" → Repräsentiert Gewerkschaftsmitglieder des Unternehmens, muss vom Management ebenfalls informiert werden und kann sogar mit ihm verhandeln, kann auch Betriebsrat nominieren und dessen Rolle übernehmen, wenn es sonst keinen gibt

Arbeitsbeziehungen
- Obwohl Belgiens Verbändelandschaft entlang ideologischer und regionaler Konfliktlinien gespalten ist, gelingt es ihr, sich national zu koordinieren
- Gewerkschaften und Arbeitgeber orientieren Lohnsteigerungen am deutschen, französischen und niederländischen Niveau
- Arbeitgeber und Arbeitnehmer führen im Nationalen Arbeitsrat nationale Tarifverhandlungen durch und geben der Regierung Empfehlungen zum Arbeitsrechts und sozialer Sicherung
- Gibt durchaus hohes Maß an Korporatismus in Belgien, die Regierung arbeitet eng mit nationalen Vertretern der Gewerkschaften und Arbeitgeber zusammen

Ausbildungssystem
- Belgische Sozialpartner managen das Ausbildungssystem →Finanzieren dieses, indem sie 1,9 Prozent der jeweils ausgehandelten Lohnhöhe einbehalten (Arbeitnehmer tragen Kosten für Auszubildende)

Wohlfahrtsstaat
- Belgiens Arbeitslosenversicherung ersetzt prozentuellen Anteil des vorherigen Einkommens, im Prinzip ein Leben lang
- Gibt besondere Zahlungen für „temporäre Arbeitslosigkeit" → Unternehmen können langfristig mit ihrer Belegschaft zusammenzuarbeiten, Arbeitnehmer binden sich an Unternehmen und erlernen spezielle Fähigkeiten, ohne dass er Angst haben muss, arbeitslos zu werden und dann keinen Job zu finden

Schweiz
- Koordiniert oder „liberal korporatistisch": Land vereinigt Elemente liberaler und koordinierter Kapitalismustypen
- Kein einheitliches Bild im Sinne der Varieties-Typologie

- Hat schwache Arbeitnehmerrechte und Gewerkschaften aber starke Arbeitgebervereinigungen
- Hoher Börsenwert der Unternehmen, hat aber stabiles Hausbankenmodell
- Bezug von Sozialhilfe ist ähnlich stigmatisierend wie in liberalen Ländern, Arbeitslosenversicherung hat aber sehr hohe Lohnersatzrate
- Schweiz hat internationale Sonderrolle
- Ganz eigenes System, das als sicherer Finanzplatz und aufgrund seiner politischen Stabilität funktioniert
- Für VoC-Typologie bleibt Schweiz ein unklarer Fall
- Wohlstand der Schweiz ist Hinweis darauf, dass nicht nur durchgängig liberale oder durchgängig koordinierte Länder erfolgreich sind
- Schweiz ist außergewöhnlich: Ihre ersten Kantone haben sich sehr früh als Nation zusammengeschlossen, blieb aber von regionalen und sprachlichen Unterschieden geprägt
- In beiden Weltkriegen hat sie sich neutral verhalten und war insofern international isoliert
- Trotzdem durch weltweit wichtiges Bankenzentrum international wie kaum ein anderes Land

Unternehmensführung
- System der Unternehmensführung mixt Elemente koordinierter und liberaler Marktwirtschaften
- Keine Arbeitnehmervertreter im Aufsichtsrat → Gibt zwar Betriebsräte, diese haben jedoch kaum mehr Macht, als es die EU-Gesetze verlangen
- Tarifverträge zwischen Gewerkschaften und Arbeitgebern können Betriebsrat das Recht einräumen, auf Unternehmensebene über Löhne zu verhandeln → Unternehmen muss sich stärker mit Belegschaft koordinieren als ein amerikanisches oder britisches, allerdings weitaus weniger als Unternehmen in nördlichen europäischen Ländern

Arbeitsbeziehungen
- Hat am wenigsten gewerkschaftlich organisierten Arbeitnehmer
- Verbände haben wenig Einfluss auf Mitglieder, korporatistische Beschlüsse können sie so kaum durchsetzen
- Schweiz hat sehr schwach koordinierte, fast schon liberale Arbeitsbeziehungen

Ausbildungssystem
- Relativ koordiniertes Ausbildungssystem
- Auszubildende erwerben unternehmensspezifische und auch sektorbezogene und allgemeine Fähigkeiten

Wohlfahrtsstaat
- Im ersten Jahr Arbeitslosigkeit ersetzt der Staat 80 Prozent des vorherigen Einkommens
- Schon im dritten Jahr sind Arbeitslose auf Sozialhilfe angewiesen (stigmatisierend)
- Renten- und Gesundheitssystem vermischt liberale, konservative und sozialdemokratische Elemente
- Politisches System der Schweiz passt mit seinen vielen direktdemokratischen Elementen nicht in die gängige Zweiteilung zwischen Proporz- und Mehrheitssystemen

Japan
- Besonderheit: Koordination findet in großen Unternehmen und Unternehmensgruppen statt
- Premierminister übernahm wichtige Elemente der traditionellen deutschen Marktwirtschaft von Bismarck → Prägt Japan noch heute
- Einziges asiatische Land, das von Anfang an im Zentrum der Varieties-Debatte stand
- Spezifische Form von Koordination → Gelingt durch stabile Kooperationsbeziehungen zwischen großen Unternehmensgruppen und ihren Belegschaften

- „Keiretsus": Unternehmensgruppe, in der vom Anfang der Wertschöpfungskette (Verarbeitung von Rohmaterialien) bis zum Ende (Verkauf der Produkte) alle Schritte stattfinden
- Starkes Zusammengehörigkeitsgefühl der Mitarbeiter innerhalb einer Unternehmensgruppe erlaubt es, eng zusammenzuarbeiten und sich zu koordinieren
- Unternehmensgruppen ersetzen korporatistischer Verbände

Unternehmensführung
- Kommunikation zwischen verschiedenen Managementebenen statt, bis Konsens entstanden ist → Vorstand übernimmt dann
- Japanische Arbeitnehmer haben kaum formelle Einspruchsmöglichkeiten wie in Europa durch den Betriebsrat oder Aufsichtsratssitze
- Besonderheit: Keiretsus geben Mitarbeitern oft lebenslange Arbeitsplatzgarantie → Unternehmen als Familie, Gemeinschaft
- Arbeitnehmer opfern sich im Gegenzug für ihr Unternehmen auf

Unternehmensfinanzierung
- System der Unternehmensführung richtet sich kaum an Aktionärsinteressen aus → Unternehmen sind vor feindlichen Übernahmen immer noch geschützt und können ihren kurzfristigen Aktienwert vernachlässigen, um langfristig mit ihrer Belegschaft zusammenzuarbeiten

Arbeitsbeziehungen
- Löhne werden vor allem im Unternehmen ausgehandelt
- Besonderheit: Unternehmen übernehmen Aufgaben, die sonst Verbände erledigen
- Auch Gewerkschaften sind auf Unternehmensebene organisiert
- Koordination funktioniert, da die Belegschaft in Keiretsus Fähigkeiten lernt, die die jeweilige Unternehmensgruppe braucht → Als Gegenleistung bieten Keiretsus lebenslange Anstellung
- Arbeiter helfen, Produktionsprozess effizienter zu gestalten

Ausbildungssystem
- Unternehmen kümmern sich besonders um die Ausbildung ihrer Arbeitnehmer
- Zeigt sich, dass koordinierte Arrangements in einem Bereich koordinierte Arrangements in anderen Bereichen unterstützen

Wohlfahrtstaat
- Soziale Absicherung der Arbeitnehmer findet vor allem über Unternehmen statt
- Sozialstaat ersetzt kaum durch Arbeitslosigkeit verlorenes Einkommen

Schweden
- Weltweit einzigartig durch egalitären Sozialstaat und kooperativen Arbeitsbeziehungen
- Homogene Bevölkerung, keine gesellschaftlichen Konflikten, starke nationale Identität → Grundlage für egalitären Wohlfahrtsstaat und starke Koordinierung der Wirtschaft
- Lutheranische Staatskirche befürwortete Staatseingriffe in die Wirtschaft, statt Individualismus und Marktliberalismus
- „Volksheim": Solidarität ist nicht in gesellschaftlichen Gruppen aufgehoben, sondern erstreckt sich auf ganze Nation
- Typische koordinierte Marktwirtschaft
- In Unternehmen und auf gesamtgesellschaftlicher Ebene verständigen sich Arbeitnehmer und Arbeitgeber, um durch Kooperation Marktversagen und Kollektivgutprobleme zu umgehen
- Hohe Solidarität ist außergewöhnlich, zeigt sich in nationalen Lohnverhandlungen und einer hohen Steuerquote → Hat sich aber in vergangenen Jahren relativiert

Unternehmensführung
- Mächtiger Vorstandsvorsitzende wird von einem hauptsächlich mit den Anteilseignern besetzten Verwaltungsrat kontrolliert
- Besonderheit: Beschäftigtenvertreter müssen im Verwaltungsrat Gewerkschaftsmitglieder sein → Verleiht Gewerkschaften einen direkten Einfluss in Unternehmen
- Belegschaften an sich haben kein Recht auf Repräsentation
- Gesetzlich ist festgelegt, dass Arbeitgeber seine Mitarbeiter nicht entlassen darf, wenn diese zufriedenstellende Arbeit leisten und es genug Arbeit im Unternehmen gibt
- Gibt keinen von der Belegschaft gewählten und von der Gewerkschaft unabhängigen Betriebsrat, stattdessen haben Gewerkschaften haben Unternehmenseinfluss

Arbeitsbeziehungen
- Soziale Homogenität des Landes ermöglichte Arbeitgeberverbänden sich früh zusammenzuschließen und Schwedens Wirtschaft national zu koordinieren
- Mächtige zentrale Arbeitgeberorganisationen trugen zudem dazu bei, die weltweit stärkste sozialdemokratische Arbeiterbewegung zu schaffen
- Nationale Lohnabschlüsse werden über Sektoren hinweg ausgehandelt, so dass die Lohnverteilung auch über Industrien und Berufe hinweg recht gleichmäßig ist
- Zentralisierte Gewerkschaften und Arbeitgeberverbände ermöglichten damit Positivsummenspiele, welche typisch für koordinierte Marktökonomien sind
- Doch solch ein System benötigt ein enormes Maß an landesweiter Solidarität → endete in 80er Jahren → Keine nationale, branchenübergreifende Lohnverhandlungen; industrieweite Tarifverträge lösten sie ab, in denen Abschlüsse in Unternehmen zudem noch ausdifferenziert wurden
- Für Wettbewerbsfähigkeit war dieses System insofern sinnvoll, als dass die großen, exportorientierten Unternehmen im Vergleich zu Branchentarifverträgen von vergleichsweise günstigen Löhnen profitierten
- Weniger produktive Unternehmen konnten Lohnzuwächse nicht tragen und gingen Pleite, unrentable Unternehmen verschwanden auf diese Weise vom Markt
- Reichweite der sektoralen Tarifverträge ist stabil, so dass Schwedens System industrieller Beziehungen immer noch als stark koordiniert gelten kann, auch wenn die Flächentarifverträge immer mehr Raum für individuelle Verhandlungen lassen

Ausbildungssystem
- Gewerkschaften und Arbeitgeber passen alte Ausbildungen neuen Anforderungen an
- In wirtschaftlichen Krisenzeiten reduzieren sie die Arbeitszeit und schicken die Arbeitnehmer dafür auf Fortbildungen
- Modell der Ausbildung ist staatszentriert, während in Deutschland Unternehmen, Verbände und der Staat gemeinsam die Ausbildung verantworten

Unternehmensfinanzierung
- Unternehmen haben kooperative Beziehungen zu ihrer Belegschaft, müssen aber auch ihre Investoren genau informieren
- Einkommen, Vermögen und Konsum sind hoch besteuert, Unternehmergewinne kaum, solange sie reinvestiert werden → Staat unterstützt die großen Unternehmen, die auf Weltmärkten erfolgreich sind (Volvo, Saab, H&M, Ericsson und Ikea)

Wohlfahrtsstaat
- System fordert starken inneren Zusammenhalt → Steuern normaler Arbeitnehmer hoch
- Arbeitnehmer waren lange bereit, hohe Steuern zu zahlen, schließlich konnten sie dafür die Leistungen des schwedischen Sozialstaates nutzen
- Anfang der 1990er Jahre senkte Regierung die Steuern → Öffentliche Infrastruktur litt
- Bürger fordern Anhebung der Steuern
- Heute bietet der schwedische Wohlfahrtsstaat im Wesentlichen noch die Sicherheit, die ein koordiniertes Produktionssystem benötigt

Dänemark
- Vom lutherischen Glauben geprägt und eine relativ homogene Gesellschaft
- Gesellschaft, Kultur und Wertvorstellungen waren relativ homogen, was es einzelnen Gruppen ermöglichte, sich zu nationalen Verbänden zusammenzuschließen und das Produktionssystem zu koordinieren
- Auch liberale Züge: Lutherische Kirche war liberaler als die schwedische und befürwortete den Markt stärker; dänische Unternehmen waren exportorientierter, kleiner, erfolgreicher und brauchten darum weniger Schutz vor internationalen Wettbewerbern

Arbeitsbeziehungen
- Gelang in Dänemark nach Ölpreisschock von 1970, Tarifverhandlungen trotz allem zwischen verschiedenen Sektoren zu koordinieren
- Gewerkschaften und Arbeitgeber handelten auf nationaler Ebene die groben Rahmenbedingungen aus, auf sektoraler und betrieblicher Ebene werden Feinheiten ausgehandelt
- Trend geht jedoch in Richtung Dezentralisierung

Unternehmensführung
- Kooperative Arbeitsbeziehungen auch auf Unternehmensebene
- Gewerkschafts- und Arbeitgeberverbände beschließen einvernehmlich Regelungen zur Mitbestimmung im Unternehmen
- Unternehmen haben teils eine duale (wie Deutschland), teils eine unitarische (wie Schweden) Führungsstruktur
- Gibt Kooperationskomitees, die die Interessen der Belegschaft mit den Unternehmensinteressen in Einklang bringen sollen
- Viele dänische Unternehmen werden von institutionellen Investoren oder Stiftungen gehalten

Ausbildungssystem
- Staat engagiert sich stärker in der Ausbildung und subventioniert auch Unternehmen, damit diese ausbilden

Wohlfahrtsstaat
- Kündigungsschutz ist relativ liberal, das heißt Unternehmen können ihre Arbeitnehmer jederzeit und ohne Ankündigung entlassen
- Hohes Arbeitslosengeld mindert dieses Problem jedoch für die Arbeitnehmer

Finnland
- Aufgrund seiner geografischen Lage zwischen Schweden und Russland hatte es stärkere gesellschaftliche Konfliktlinien
- Arbeitgeber kooperierten schon früh, Arbeitnehmerbewegung war zersplittert in schwedenfreundliche Sozialdemokraten und russlandfreundliche Kommunisten
- Nach 2. WK näherte sich das Land an die anderen sozialdemokratisch koordinierten Länder an und ist nun ein typisch koordiniertes Land
- Kooperation zwischen finnischen Unternehmen und Belegschaft auf nationaler Ebene Folge: Unternehmen können Produkte und Produktionsprozesse mit ihrer Belegschaft langfristig verbessern, aber schwierig, schnell auf neue Trends zu reagieren
- Beispiel: Nokia war Spitzenreiter, solange es ein Grundmodell von Mobiltelefonen immer weiter verbesserte, bei neuem Trend der Smartphones verlor es gegen amerikanische Wettbewerber wie Apple und Google

Unternehmensführung
- Manche Unternehmen haben nur einen Verwaltungsrat, andere, meist größere Unternehmen haben einen Vorstand und einen ihn kontrollierenden Aufsichtsrat
- Mitbestimmung jedoch kaum gesetzlich geregelt → Gewerkschaften und Arbeitgeber handeln sie auf nationaler, sektoraler und betrieblicher Ebene selbst aus

- Rolle der Betriebsräte übernehmen in Finnland Gewerkschaften

Arbeitsbeziehungen
- Strategische Absprachen zwischen Gewerkschaften und Arbeitgeberverbänden
- Seit Finanzkrise 2008 ist die sektorale Ebene dominant, auch wenn es immer noch nationale Koordination gibt

Unternehmensfinanzierung
- Einige stabile Großinvestoren, besonders Banken, halten Unternehmensanteile, was Unternehmen vor feindlichen Übernahmen schützt
- Unternehmen müssen trotzdem genaue Rechenschaft gegenüber Aktionären ablegen

Wohlfahrtsstaat: Typisch für koordinierte Marktwirtschaft

Norwegen
- Starkes Gefühl nationaler Einheit und relativ homogene Bevölkerung
- Hochgradig korporatistisches und koordiniertes Land
- Vielleicht sogar das koordinierteste Land, auch wenn Unternehmensmitbestimmung nicht ganz so stark wie in Deutschland verankert ist
- Hat aber mehr als jedes andere Land noch national koordinierte Lohnverhandlungen
- Besonderheit: Große Öl- und Gasvorräte → Mit dem daraus resultierenden finanziellen Spielraum kann der Staat Verteilungskonflikte befrieden, die andere koordinierte Länder belastet haben → Erklärung, wie das Land koordiniert bleiben konnte, während andere Länder liberaler wurden (wie Deutschland)

Arbeitsbeziehungen
- Nationale Lohnverhandlungen wurden aufrechterhalten
- Wenig Konflikt, weil sich Verhandlungen stark an ökonomischen Rahmendaten orientieren
- Heute ist Norwegen das einzige Land in dem sich traditionelle Variante des Korporatismus halten konnte, wonach Arbeitnehmer moderate Lohnabschlüsse gegen Einfluss auf Unternehmensentscheidungen tauschen

Unternehmensführung
- Gemischte Unternehmensstruktur: Unternehmen mit weniger als 200 Mitarbeitern haben einen Vorstand, größere Unternehmen zusätzlich einen Aufsichtsrat
- Arbeitnehmer werden vor allem durch Gewerkschaftsmitglieder repräsentiert
- Betriebsräte gibt es nur in einigen großen Unternehmen; ihre Aufgabe ist eher, durch Absprachen mit den Mitarbeitern das Unternehmen effizienter zu machen

Ausbildungssystem: Arbeitgeber und Arbeitnehmer koordinieren gemeinsam das Ausbildungssystem, wobei diese Zusammenarbeit seit 2001 etwas abgenommen hat

Wohlfahrtstaat: Hohe Lohnersatzleistungen bei Arbeitslosigkeit

Ähnlichkeiten der koordinierten Länder
Skandinavische Länder
- Außergewöhnlicher Einsatz für Egalitarismus (Gleichverteilung von Ressourcen und Chancen über die gesamte Bevölkerung) → Ergebnis der gesellschaftlichen Homogenität sein (Ausnahme Finnland)
- Gab auch Liberalisierung: Sie verlagerten Lohnabsprachen von der nationalen auf die sektorale und betriebliche Ebene → Trotzdem noch weitreichende nationale Koordination
- Koordiniert sind diese Länder auch weiterhin → Mitspracherechte von Arbeitnehmern auf Unternehmensebene sind stabil und nehmen sogar zu

Konservativ-koordinierte Länder
- Deutschland, Österreich, die Niederlande, Belgien, die Schweiz und Japan
- Besonderheit der konservativen Ländergruppe ist, dass diese ihre Wirtschaft weniger auf nationaler Ebene koordinieren
- Konservativ-koordinierte Länder haben starke religiöse, regionale, ethnische oder sprachliche Konfliktlinien → Folge: Verbände waren und sind nach industriellen Sektoren, Regionen oder Berufsgruppen zersplittert
- Einfluss des Katholizismus: Individuen sollten weder dem Markt überlassen werden, noch soll der Staat stark in die Wirtschaft eingreifen
- Koordinierung war insofern konservativ, als dass sie die Stellung der einzelnen gesellschaftlichen Gruppen erhielt, also konservierte → Gesellschaftliche Ordnung wurde nicht angetastet
- Historisch war für konservative Länder wichtig, in einem Umfeld, das von Krieg und sozialen Konflikten dominiert war, soziale Stabilität aufrecht zu erhalten
- Heute immer noch soziale Sicherungssysteme, die die soziale Ordnung stabilisieren, indem sie jeden gesellschaftlich dort halten, wo er sowieso schon steht → Unterstützt und benötigt ein koordiniertes Produktionssystem, welches auf langfristige, stabile Beschäftigungsverhältnisse setzt
- Japan ist Ausnahme: Zwar ist auch in Japan soziale Stabilität ein zentrales Ziel, aber Land hatte weder starke soziale Cleavages noch einen katholischen Glauben → Wurde jedoch stark von Deutschland beeinflusst und ähnelt anderen konservativ-koordinierten Ländern mit dem zentralen Unterschied, dass seine Koordination auf Unternehmensebene beziehungsweise in Unternehmenskonglomeraten stattfindet

Die vier nicht-eindeutigen Ländern in der VoC-Typologie
Frankreich
- Steht zwischen koordinierten und liberalen Marktwirtschaften
- Markt entscheidet nicht alles, also nicht liberal
- Koordiniert ist es aber auch nicht, weil die Verbände schwach sind
- Arbeitgeber und Gewerkschaften bekämpfen sich eher, als dass sie zusammenarbeiten
- Gewerkschaften haben Klassenkampfethos, welches es ihnen erschwert, mit den Arbeitgebern zusammenzuarbeiten; Arbeitgeber möchten Entscheidungen hingegen ohne die Arbeitnehmer treffen
- Staat spielt zentrale Rolle → Tradition des Absolutismus (normal, dass Staat Wirtschaft reguliert, organisiert als zentrale Instanz das Gemeinwohl)
- Passt nicht in liberale Kategorie, weil es Koordination gibt
- Ist aber auch kein typisch koordiniertes Land, da der Staat viele der Aufgaben übernimmt, die in anderen Ländern Gewerkschaften und Arbeitgeberverbände übernehmen
- VoC will zeigen, wie wirtschaftliche Akteure untereinander kooperieren – und nicht mit dem Staat → Frankreich passt nicht ins Bild → Staatskoordinierten Variante

Arbeitsbeziehungen
- Problem: Arbeitnehmer sind in fünf nationale Dachverbände zersplittert, die in Konkurrenz zueinander stehen und gegeneinander arbeiten
- Folge: Lohnsteigerungen orientieren sich nicht mehr an der gesamtwirtschaftlichen Produktivitätsentwicklung oder Inflationsrate, sondern liberalen Pluralismus → Jeder versucht, individuell das Beste für sich rauszuholen, ohne die makroökonomischen Folgen zu beachten
- Unternehmenschefs kennen sich untereinander, weil sie zusammen an „Grandes Ecoles" studiert haben → Gemeinsame Ausbildung ermöglicht ihnen informelle Koordination
- Lohnverhandlungen: Grundregel ist, dass sektorale Verhandlungen für kleine Unternehmen gelten, während große Unternehmen ihre Tarifverträge selbst aushandeln
- Gelingt Gewerkschaften selten, sich mit Arbeitgebern zu einigen → Folge: Streik
- Problematisch, denn Streik verringert Produktionskapazität und ist insofern destruktiv
- Leider nötig weil zentraler Ansprechpartner fehlt: zentralisierte Gewerkschaften

- Heute weniger nationale Koordination, aber immer noch hilft der Staat „nationalen Champions", benutzt Regulation, um seine Industrie zu schützen und koordiniert Unternehmensnetzwerke
- Koordination mit Sozialpartnern scheitert immer wieder daran, dass Verbände nicht geschlossen ihre Forderungen stellen → Staat entscheidet selbst, Folge ist Streik

Unternehmensführung
- Meist kein Aufsichtsrat und keine Arbeitnehmervertreter
- Auch auf Unternehmensebene äußert sich die konfliktreiche Beziehung zwischen Arbeitgebern und Arbeitnehmern → Gewerkschaften mobilisieren

Unternehmensfinanzierung: Unternehmen nur zu 35 Prozent in der Hand individueller und institutioneller Investoren → Mehr Spielraum gegenüber anonymem Kapitalmarktdruck als angloamerikanischen Unternehmen

Ausbildungssystem: Obwohl Arbeitnehmer- und Arbeitgeberverbände fragmentiert sind, gelingt es ihnen, auf nationaler Ebene einiges zu koordinieren, zum Beispiel Regeln für das Ausbildungssystem

Italien
- Italien war regional und auch entlang von Sprachen und Ethnien geteilt
- Gewerkschaften waren lange in sozialistischen und katholischen Teil gespalten, so dass sie Probleme hatten, sich national zu koordinieren
- Norden ist wohlhabender und industriell, Süden arm und agrarisch geprägt → Kein einheitliches System
- Italien insgesamt weder besonders koordiniert, noch besonders liberal
- Für koordiniertes Land fehlen stärkere Unternehmensmitbestimmung und koordinierte Lohnverhandlungen, stärkere Unternehmens- und Bankenkooperation
- Für liberales Land ist Kapitalmarktfinanzierung zu schwach und Unternehmen müssen keine harten Auflagen gegenüber ihren Aktionären erfüllen

Unternehmensführung
- Kein Aufsichtsrat, keine Arbeitnehmervertretung
- Gewerkschaften beherrschen meist die Betriebsräte
- Betriebsräte haben nicht dieselben Rechte wie in deutschen Unternehmen → schwache Mitbestimmungsrechte der Arbeitnehmer
- Kapitalmarkt setzt Unternehmen kaum unter Druck
- Auffällig, dass Banken und Regierung 40 Prozent der Anteile börsengehandelter Unternehmen halten
- Schutz vor feindlichen Übernahmen weil Aktien im Besitz von Familien, dem Staat und anderen Unternehmen sind
- Finanzierung durch Aktienmärkte ist in Italien kaum ausgebaut
- Unternehmen haben aber auch keine stabile Beziehungen zu Hausbanken, sondern leihen sich Geld nur kurzfristig von Banken und finanzieren Investitionen meist aus ihren eigenen Gewinnen

Arbeitsbeziehungen
- Verhandlungen zwischen Gewerkschaften und Arbeitgebern finden vor allem auf Branchenebene statt und werden dann auf Unternehmensebene genauer angepasst
- Arbeitsbeziehungen sind „voluntaristisch": Beruhen nicht auf Gesetzen, sondern Gewerkschaften und Arbeitgeberverbände handeln sie aus
- Arbeitnehmerrechte sind stark ausgebaut, kollektive Lohnverhandlungen dürfen nicht von individuellen unterschritten werden

Wohlfahrtsstaat: Nur schwach ausgebaut

Spanien
- Besteht aus mehreren Regionen, die sich in Bezug auf ihr Produktionssystem stark unterscheiden
- Bis 1978 Diktatur → Franco ließ keine unabhängigen Gewerkschaften oder Arbeitgeberverbände zu
- Spanien blieb bis in 1960er Jahre international isoliert → Bildete darum erst einmal ganz eigene Formen der Regulierung heraus und orientierte sich danach an europäischen Ländern
- Koordination vor allem, als sich noch alle Akteure einig waren, dass das Land erst einmal den Übergang zu einer stabilen Demokratie schaffen muss → Heute kaum noch koordinierte Elemente
- Wirtschaft ist bestenfalls schwach koordiniert und zudem auch noch von regional unterschiedlichen Regelungen geprägt → Schwer, das Land in VoC-Typologie einzuordnen

Unternehmensführung
- Betriebsräte haben nicht Rolle eines Ko-Managements
- Kein Aufsichtsrat, keine Arbeitnehmervertretung
- Unternehmen werden auch nicht besonders stark durch anonymen Finanzmarktdruck kontrolliert → Unternehmensanteile sind in Händen von Familien und Banken

Arbeitsbeziehungen
- Gewerkschaften teilen sich in zwei große Dachverbände → Konnten sich zwar im Übergang zur Demokratie 1977 einigen, Lohnforderungen an die Inflationsrate zu koppeln, wie es typisch für koordinierte Marktwirtschaften ist
- Aber nationale Koordination wurde schwieriger, als das gemeinsame Ziel aller Akteure erreicht war (friedlicher Übergang zur Demokratie)
- Wirtschaftliche Koordination findet im Rahmen industrieller Beziehungen nun auf regionaler und sektoraler Ebene statt → Zeigt sozialen und regionalen Spaltungen des Landes

Portugal
- Seit 1932 autoritäres Regime unter dem Katholiken Salazar
- Erst in den 1960er Jahren wurde Portugal ein demokratischer Staat
- Seitdem hat es sich langsam entwickelt, kann jedoch immer noch nur über ein niedriges Lohnniveau konkurrieren
- Dem Land fehlen Flexibilität und Fähigkeit zu radikalen Innovationen (liberal), und hochqualitative und diversifizierte Produktion und die Kapazität zu inkrementellen Innovationen (koordiniert)
- An Portugal zeigt sich Grenze des VoC-Ansatzes: Weniger entwickelte Länder können schwer als liberal oder koordiniert bezeichnet werden → Haben (noch) nicht die nötigen Institutionen entwickelt, um in eine der beiden Kategorien zu passen
- Portugal vor allem arm
- Zwar unterliegen viele Beschäftigte Tarifverträgen, aber gibt keine zentralisierten Verbände, die gesamtwirtschaftlich-koordinierende Aufgaben übernehmen
- Portugal schützt Arbeitnehmer stark vor Arbeitslosigkeit, aber aufgrund der starren Kündigungsregeln finden gerade Jugendliche keine oder nur unsichere und schlecht bezahlte Arbeit

Unternehmensführung
- Unternehmensführung ist weder liberal, noch koordiniert
- Nur in großen Unternehmen gibt es Betriebsräte, aber haben keine Einspruchsrechte
- Kein Aufsichtsrat, keine Mitspracherechte

Arbeitsbeziehungen
- Gewerkschaften und Arbeitgeber heute eher zerstritten

- Weder vollkommen dezentralisiertes System industrieller Beziehungen (liberal), noch hat es ein zentralisiertes System (koordiniert)

Wohlfahrtstaat
- Besonderheit: Hoher Kündigungsschutz, aber nur für regulär Beschäftigte
- Prekär Beschäftigten gelingt Übergang in diesen Teil der Wirtschaft nicht

China
- Unklare Unternehmensfinanzierung
- Keine kapitalmarktgetriebene Wirtschaft, in der Kapital flexibel, dafür aber nur kurzfristig verfügbar ist, sondern staatliche Banken stellen Kapital langfristig zur Verfügung
- Aber Banken haben kaum Macht über Unternehmen, da sie keine Anteile an den Unternehmen halten dürfen
- Banken sind staatlich gelenkt → Weder markt- noch bankbasiertes System
- Besonderheit: Wissen von anderen Firmen wird kopiert
- China entspricht eher dem Bild einer liberalen Marktökonomie
- Nur Finanzsystem passt nicht: Ist weder liberal, da Finanzmärkte kaum eine Rolle spielen; noch ist es bankenbasiert, da es keine unabhängigen Banken gibt
- Art der Innovationen, die aus China kommen: Kein klares Muster (keine radikalen noch inkrementellen Innovationen, sondern Kopieren von Produkten westlicher Unternehmen)
- Staat spielt wichtige Rolle in der Regulierung der chinesischen Wirtschaft

Eher liberale Unternehmensführung
- Chinesische Vorstände haben innerhalb des Unternehmens sehr viel Macht
- Hohe Mobilität der Belegschaft, so dass langfristige Absprachen noch schwieriger sind → China als extreme Version einer liberalen Ökonomie

Theoretisch kommunistische, de facto liberale Arbeitsbeziehungen
- Nationale Gewerkschafts- und Arbeitgeberföderation sind regional zersplittert
- Kommunistische Partei (KP) kontrolliert Gewerkschaft → Gewerkschaft ist nicht wirklich Arbeitnehmervertretung
- Generell werden Gewerkschaften und Arbeitgeberverbände vom Staat kontrolliert

Unkoordiniertes Ausbildungssystem
- Entspricht China einer liberalen Marktökonomie → Schwerpunkt liegt auf generellen intellektuellen statt berufsspezifischen Fähigkeiten, da letztere mit einfacher, manueller Arbeit assoziiert werden

Osteuropa (Tschechien, Ungarn, Polen und die Slowakei)
- Dritter Kapitalismustyp: Abhängige Marktökonomie (dependent market economy)
- Koordinierte und liberale Länder bilden System, an das sich ausländische Investoren anpassen können → Osteuropäische Länder sind von Arrangements abhängig, die multinationale Konzerne einführen
- Nicht Institutionen beeinflussen Unternehmen, sondern Unternehmen bringen Institutionen mit
- Deutsche Autohersteller bauen in Osteuropa Fabriken, um günstiger zu produzieren, Forschung, Entwicklung und Design bleiben jedoch im Mutterland
- Unternehmen bringen darum Regulierungsformen mit, die für reibungslose Produktion sorgen – nicht jedoch für Innovationen
- Zentral für wirtschaftliche Koordination ist Hierarchie großer Unternehmen → Unternehmen finanzieren sich weder durch Kapitalmärkte, noch durch Hausbanken, sondern Mutterunternehmen finanzieren ihre Ableger
- Auch Innovationen finden in Mutterunternehmen statt, die sie dann in die abhängige Marktökonomie exportieren

- Keine Mitbestimmungsrechte, aber Arbeitnehmer sollen zufrieden sein, da Streiks extrem teuer werden, nachdem die Unternehmen Produktionskapazität an einem Standort aufgebaut haben und in eine internationale „just in time" Lieferkette eingebaut sind
- System führt dazu, dass Länder weder Stärke in inkrementellen noch in radikalen Innovationen haben, sondern in der günstigen Produktion halb-standardisierter industrieller Güter, wie Autos oder Elektronik
- Hauptmerkmal: Kapital, Innovationen und Institutionen kommen von außen
- In Osteuropa beherrschen ausländische Firmen den Markt
- Auch Corporate Governance Codes sind nicht dort entstanden, sondern von EU auferlegt
- Fraglich ist nur, ob Unternehmen bei steigenden Löhnen abwandern und ob abhängige Marktökonomien bis dahin Vorteile entwickelt haben, die es für Unternehmen auch attraktiv machen, höhere Löhne zu zahlen

Slowenien: Eine koordinierte Marktwirtschaft
- Fast alle Arbeitskräfte unterliegen sektoralen Tarifverträgen
- Duales Ausbildungssystem, das dem deutschen ähnelt und in dem Arbeiter unternehmens- und branchenspezifische Fähigkeiten lernen
- Einziges osteuropäische Land mit Betriebsräten, die ähnlich weitreichende Mitbestimmungsrechte haben wie in Deutschland
- Auf nationaler Ebene sprechen sich Arbeitgeber, Gewerkschaften und Staat über moderate Lohnsteigerungen ab, die die Inflation nicht anheizen
- Folge: Höherer Lebensstandard als alle anderen osteuropäischen Länder, zusammen mit geringer sozialer Ungleichheit
- Slowenien exportierte schon als sozialistisches Land Güter, deren Herstellung Facharbeiter benötigte, so dass Arbeitgeber Interesse an hohen Qualifikationen hatten statt nur an niedrigen Löhnen
- Ethnisch homogene Bevölkerung
- Nicht besonders stark von ausländischen Direktinvestitionen abhängig
- Arbeitnehmerbewegung wird von Gewerkschaft vertreten, die mit einer Stimme auftritt, konkrete und erfüllbare Forderungen stellt und genug Kontrolle hat, um einen Streik zu beenden, wenn die Forderungen erfüllt sind

Lateinamerika (Argentinien, Brasilien, Chile, Kolumbien und Mexiko)
- Hierarchisch koordiniert: Hierarchische Befehlsstrukturen in Unternehmensgruppen und multinationalen Unternehmen, atomistische – also unorganisierte – Arbeitsbeziehungen und niedrige Qualifikationen
- Hierarchie statt Koordination oder Markt
- Unterscheidet sich von Koordination, die auf Absprachen beruht und von Flexibilität, die auf Märkten beruht
- Größere Teile der Wirtschaft können keine Entscheidungen treffen, weil sie von Befehlen übergeordneter Instanzen abhängig sind
- Wichtigste Unternehmen sind entweder große einheimische Unternehmensgruppen oder multinationale Unternehmen → Mutterkonzern bestimmt, wie Filialen zu handeln haben
- Auch Gewerkschaften sind oft selbst staatlich (hierarchisch) kontrolliert
- Kein Mandat für kollektive Lohnverhandlungen oder Absprachen im Unternehmen
- Lateinamerika ist in „Niedrigqualifikationsfalle" gefangen: System ist nicht effizient, jedoch trotzdem stabil, kann sich aber auch nicht ändern

Wirtschaftliche und soziale Leistungsfähigkeit der Kapitalismusvarianten
Wirtschaftskraft
- These Hall und Soskice: Koordinierte und liberale Kapitalismustypen sind in Reinkultur jeweils erfolgreicher als Mischformen
- Ergebnis: Wirtschaftskraft ist unabhängig von Liberalismus oder Koordination
- Lässt sich nicht erkennen, dass stark koordinierte oder stark liberale Länder besonders erfolgreich → Erfolgreichste Länder sind kleine nordische koordinierte – und im Fall Ir-

lands liberale – Marktwirtschaften, die allesamt nicht zu den idealtypischen Ländern zählen

- Nicht erstaunlich, Wirtschaftskraft eines Landes hängt von weitaus mehr Faktoren ab als der Kohärenz ihrer Institutionen entlang liberaler oder koordinierter Prinzipien
- Für hohe Wirtschaftskraft ist Nähe zum koordinierten oder liberalen Idealtypus nicht die einzige Bedingung

Patente
- These Hall und Soskice: Verteilung der Patente in Wirtschaftsfeldern geteilt nach inkrementellen und radikalen Innovationen
- Ergebnis: Deutschland ist stark in traditionellen, die USA ist stark in neuen Industrien
- Besonders stark ist Deutschland bei Patenten auf Fahrzeuge und generelle Technologie, Ver- und Weiterverarbeitung von Gütern, Bauingenieurswesen und der Wärmetechnik
- Geht hier weniger um radikal neue Innovationen geht, sondern eher um stetige Verbesserung bestehender Produkte und Herstellungsprozesse
- USA besonders stark in Biotechnologie, Telekommunikation, Audio, Video, Medien und Computer → Industrien, bei denen noch radikale Innovationen gefragt sind
- Koordinierte Länder sind innovativer in traditionellen Industrien
- Bestätigt Argumentation Hall und Soskices, dass Länder mit einem koordinierten Produktionssystem in mehreren Industriebereichen stark sind, die auf der kontinuierlichen Verbesserung von Produkten beruhen

Stärken in Wirtschaftssektoren
- These: Umso mehr Patente Länder in bestimmten Industrie- und Dienstleistungssektoren haben, umso wettbewerbsfähiger sollten sie darin sein
- Ergebnis: Mit Ausnahme Irlands sind alle liberalen Länder in der Ländergruppe, in denen die Industrie einen geringen Anteil der gesamten Wirtschaftsleistung erwirtschaftet → Haben damit eher einen Vorteil im Dienstleistungssektor (USA und Großbritannien)
- Finanzdienstleistungen: Hier bildet die Schweiz einen Ausnahmefall, ansonsten haben liberale Länder die höchsten komparativen Vorteile in der Schaffung und im Vertrieb von Finanzprodukten
- Nicht verwunderlich, dass Großbritannien, die USA und Irland stark von der Finanzkrise 2008 getroffen wurden – und dass diese in den USA begann
- Schweiz hatte dagegen auch starke Industrie, die ihr half, durch Finanzkrise zu kommen
- Insgesamt zeigt sich über verschiedene Industrien und Patentgruppen hinweg ein Muster an Spezialisierungen der koordinierten und liberalen Länder

Einkommensverteilung
- Da liberale Länder in Marktarrangements nicht eingreifen, entsteht dort in der Regel mehr soziale Ungleichheit
- USA, Großbritannien, Irland und Neuseeland haben zusammen mit den unterenwickelten Wohlfahrtsstaaten Südeuropas die höchste soziale Ungleichheit
- Kanada und Australien sind in der Mitte
- Sozialdemokratisch-koordinierte Länder haben geringste Armutsquote
- Soziale Ungleichheit ist kein Zufall, sondern logischer Bestandteil des liberalen Produktionsmodells → Denn in Ländern, die den Marktkräften freien Lauf lassen, entsteht auch ein Sektor, in dem – mitunter sehr niedrige – Marktlöhne gezahlt werden
- Aber hohes Maß an sozialer Ungleichheit und Armut in den liberalen Ländern hängt auch mit liberalem Wohlfahrtsstaat zusammen → Unklar, ob die Hauptursache das Produktionssystem dieser Länder ist

Warum liberal/koordinierte Produktionssysteme einhergehen mit…
…liberalen/nicht-liberalen Wohlfahrtsstaaten
- Alle liberalen Produktionssysteme haben auch einen liberalen Wohlfahrtsstaat

- Länder mit koordinierten Produktionssystemen haben entweder einen sozialdemokratischen (Skandinavien) oder einen konservativen Wohlfahrtsstaat (restliches Europa)
- Unternehmen und ihre Verbände unterstützen in koordinierten Marktwirtschaften umfangreiche (konservative oder sozialdemokratische) Sozialpolitik, weil diese ihre koordinierte Produktionsweise unterstützt
- Unternehmen und Unternehmerverbände in liberalen Marktwirtschaften lehnen Sozialpolitik weitgehend ab, weil sie ihre liberale Produktionsweise untergräbt
- Arbeitgeberverbände in Deutschland unterstützten weitreichende Regelungen zur Arbeitslosenversicherung und zum Wohlfahrtsstaat, da diese dazu führten, dass Arbeitnehmer die spezifischen Qualifikationen lernen, die Unternehmen in koordinierten Marktwirtschaften benötigen
- Kritik: Funktionalistisch → Unterstellt, dass das, was in einer Ökonomie gebraucht wird, sich auch institutionell durchsetze
- Gewerkschaften sind umso organisierter, je eher der Wohlfahrtsstaat nicht liberal ist → Anfangs zumindest mittelmäßig organisierte Arbeitnehmerbewegung ermöglicht es, mehr als liberale Wohlfahrtsleistungen zu verwalten, Verwaltung der Wohlfahrtsleistungen durch die Arbeitnehmerbewegung konsolidiert diese und schafft eine Gruppe, die sich für den Erhalt der Wohlfahrtsleistungen engagiert
- Zentralisierte Gewerkschaftsbewegung, die nötig für koordiniertes Produktionssystem ist, kann somit durch einen starken Wohlfahrtsstaat gefördert werden und unterstützt diesen
- Zentralgewerkschaft eines Landes ist umso schwächer, je liberaler ein Land ist
- Je liberaler der Wohlfahrtsstaat eines Landes ist, umso stärker zersplittert sind die Gewerkschaften des Landes, wodurch sie weder koordinierend in das Produktionssystem eingreifen noch sich für einen stärkeren Wohlfahrtsstaat einsetzen können
- Wenn Wohlfahrtsstaat hohe Sozialleistungen für alle bietet, können Unternehmen Arbeitnehmer nicht mit individuellen Leistungsangeboten abwerben (wie in USA)
- Länder, die ihre Arbeitnehmer am stärksten absichern, koordinieren ihre Wirtschaft auch am stärksten → Wohlfahrtsstaaten und Produktionssysteme hängen zusammen, weil Arbeitnehmer sich bei rigiden Kündigungsregeln weniger um ihre Markttauglichkeit sorgen und eher bereit sind, die für koordinierte Marktwirtschaften notwendigen spezifischen Qualifikationen zu lernen
- Großzügige staatliche Renten erlauben es den Unternehmen, ihre Belegschaft zu verkleinern, ohne die vertrauensbasierte, langfristige Zusammenarbeit mit ihr zu beschädigen (Frührente)
- Länder sind umso stärker koordiniert, je stärker Rentensysteme vorherigen Verdienst ersetzen
- Fast alle koordinierten Länder haben höhere Rentenersatzrate als liberale Länder
- Hohe Sozialausgaben bringen Koordination: Sozialdemokratische und konservative Wohlfahrtsstaaten sind teuer, Kosten können Unternehmen und Privatleute eher tragen, wenn Unternehmen sich auf hochproduktive und gut entlohnte Tätigkeiten spezialisieren statt auf eine Niedrigkostenstrategie, die in liberalen Ländern verbreitet ist
- Umgekehrt benötigen koordinierte Produktionssysteme sozialstaatliche Absicherung, die ihren Arbeitnehmern Stabilität verschafft
- Kultur als Hintergrund für Wohlfahrtsstaat und Produktionssystem: Die verschiedenen Ländergruppen haben entsprechend ähnliche kulturell-religiöse Hintergründe, weswegen sie dem Markt mehr oder weniger skeptisch gegenüberstehen
- Alle liberalen Länder (außer Irland) sind vom calvinistischen Glauben geprägt; die koordinierten Länder mit einem konservativen Wohlfahrtsstaat sind katholisch geprägt; die koordinierten Länder mit sozialdemokratischem Wohlfahrtsstaat sind lutherisch

Das Gedankengut der liberalen Länder: Calvinismus
- Märkte sind legitimer Mechanismus für Verteilung von Gütern, was zu einem liberalen Produktionssystem führt
- Denksystem auch zu liberalem Wohlfahrtsstaat → Idee, dass Armut Gottes Strafe ist
- Kultur calvinistischer Länder war skeptisch gegenüber Marktinterventionen

- Alle angloamerikanischen Länder sind stark von diesem Gedankengut beeinflusst, was sich in ihrem Wohlfahrts- und Produktionssystem zeigt

Das Gedankengut der sozialdemokratischen Länder: Luthertum
- Luthertum grenzt sich von der katholischen Vorstellung ab, dass man sich vor der Hölle retten kann, wenn man nur genug für die Armen spendet
- Die von diesem Gedanken beeinflussten Länder unterstützen darum weder die katholische Kultur des Spendens noch den calvinistischen Gedanken, dass jeder für sich selbst verantwortlich sei → Staat hat im Luthertum die Aufgabe, Arbeit und Lebenschancen für alle bereitzustellen
- Skandinavisch-lutherischen Länder unterstützten darum institutionalisierte und landesweite Solidarität und befürworten staatliche Interventionen in Wirtschaft und Gesellschaft

Das Gedankengut der konservativen Länder: Katholizismus
- Weder befürworteten Katholiken, dass Arbeiter wie eine Ware behandelt werden, noch wollen sie, dass der Staat sich in die Wirtschaft einmischt
- Befürchteten, dass zu viel Staatseinfluss die Familie als gesellschaftliche Basiseinheit beschädigen könnte
- Idee der Subsidiarität: Kleinere Einheiten (Familie oder lokale Verbände) sollen gestärkt werden und übergeordnete Ebenen wie der Nationalstaat sich erst kümmern, wenn untere Einheiten dies nicht mehr schaffen
- Katholizismus entwickelte damit durch den Wohlfahrtsstaat und das Produktionssystem einen konservativen Stabilitätsbias
- Sozialstaaten mit katholischem Erbe versuchen, gesellschaftliche Stabilität zu erreichen

...Mehrheits-/Verhältniswahlrecht
- In allen liberalen Ländern gilt das Mehrheitswahlrecht, in allen koordinierten Ländern das Verhältniswahlrecht
- Verhältniswahlrecht: Jede Partei ist proportional zu ihrer Stimmenanzahl im Parlament vertreten
- Mehrheitswahlsystem: Partei, die mehr als 50 Prozent der Stimmen in einem Wahlkreis gewinnt, diesen ganz zugeschlagen bekommt → Macht es kleinen Parteien schwer, so dass Mehrheitswahlsysteme in der Regel nur zwei Parteien haben
- Im Verhältniswahlrecht können dahingegen auch kleinere Parteien überleben → Größere Parteien müssen mit ihnen koalieren, wenn sie keine absolute Mehrheit an Stimmen erringen können
- In koordinierten Ländern kooperieren Unternehmen miteinander und mit Arbeitnehmern
- Als sich Nationalstaaten mit nationalen Parlamenten bildeten, wollten Arbeitnehmer und Arbeitgeber auch national politisch repräsentiert sein → Damit alle im Parlament repräsentiert sein können, braucht es ein Verhältniswahlrecht
- In liberalen Ländern kooperierten Arbeitgeber und Arbeitnehmer nie besonders eng
- Gab auch keine Notwendigkeit, dass jede Gruppe politisch repräsentiert ist, um kooperative Arrangements zu finden
- These: Länder, die schon immer auf lokaler Ebene koordiniert waren, entscheiden sich für Verhältniswahlrecht, dass dafür sorgt, dass sie auch weiterhin koordiniert bleiben
- Länder, die dahingegen auch früher schon liberal waren, entscheiden sich für Mehrheitswahlrecht, weswegen sie auch liberal bleiben
- Kritik: Problematisch, dass sie damit eine Struktur, die vielleicht durch Zufall entstanden ist, durch das bewusste Wirken weitsichtiger Arbeitnehmer und Arbeitgeber erklären, die angeblich wirtschaftlich optimale Wahlsysteme aussuchen → These fraglich

... Common Law/Civil Law Rechtssysteme
- Liberale Länder haben Common Law-Rechtssysteme: Richterurteile stellen Präzedenzfälle dar, die gesetzesähnlichen Status haben
- Koordinierte Länder haben Civil Law-Rechtssysteme: Parlament verabschiedet Gesetze, die allgemeine Gültigkeit haben; Richter wenden sie nur noch an

- Grundunterschied ist, ob Gesetzgebungsgewalt beim Parlament liegt oder bei Richtern
- Großbritannien: Grundsätzliches Misstrauen gegen die von der Monarchie vertretene staatliche Macht → Richter sollten vom Staat unabhängig sein und auch so urteilen
- Frankreich: Richter waren bis zur französischen Revolution mit der absolutistischen Monarchie verbündet → Französische Revolution entmachtete sie → Nicht unabhängige Richter schaffen das Recht, sondern die Legislative
- Weil Gerichte unter Common Law mit mehr Respekt für Privateigentum urteilen, sind Investoren dort besser geschützt, selbst wenn sie nicht die Mehrheit an einem Unternehmen halten → Folge: Unternehmen haben in Ländern mit Common Law Gerichtsbarkeit bessere Finanzierungsmöglichkeiten, da Investoren sich dort als besser geschützt wahrnehmen
- Flexiblere Finanzmärkte und der zerstreute Unternehmensbesitz hängen daher mit dem Rechtssystem und dem besseren Schutz des Privateigentums zusammen
- Kritik: Auch hinter marktfreundlichen Produktions-, und marktfreundlichen Rechts- und Verteilungssystemen steht die nicht direkte beobachtbare Variable der marktfreundlichen Kultur eines Landes

Staatstätigkeit
- Kapitalismusform eines Landes erkläre dessen Staatstätigkeit
- Saatstätigkeit: 1) wie weit ein Land entwickelt ist, 2) wie dessen Klassen oder Schichten zueinander stehen, 3) welche Partei regiert, 4) welches Politiksystem das Land hat und 5) ob ein Land internationalisiert und industrialisiert ist
- These: Auch die jeweilige Spielart des Kapitalismus entscheidet über Staatstätigkeit
- Ergebnis: Koordinierte Staaten unterstützen starken Kündigungsschutz und Wohlfahrtsstaat
- Führt zu Benachteiligung von Frauen: Bei Frauen scheuen Unternehmen diese Investition, weil diese eine Babypause einlegen oder ganz aus dem Beruf ausscheiden könnten
- In koordinierten Ländern haben Arbeitnehmer mehr Angst vor Arbeitslosigkeit und sparen in Krisenzeiten ihr Einkommen eher als in liberalen Marktökonomien, in denen Arbeitnehmer sich weniger vor Arbeitslosigkeit sorgen und ihr Geld darum ausgeben
- Unterschiedliche Haltung macht sich bemerkbar, wenn der Staat in Krisenzeiten versucht, die Nachfrage anzukurbeln
- Kritik: Gefahr, den VoC-Ansatz zu überdehnen → Fraglich, ob man tatsächlich so viel mit Unterschied zwischen spezifischen und nicht-spezifischen Fähigkeiten erklären kann

Kritik am VoC-Ansatz
Funktionalismus
- Funktionalismus: Institutionen entstehen demnach, weil sie eine Funktion erfüllen
- Gegenüber VoC merkten Kritiker an, die Typologie erkläre koordinierende Institutionen dadurch, dass sie für Unternehmen funktional seien
- Vorwurf stimmt zur Hälfte: Hall und Soskice führen kulturelle und historische Gründe an
- Vermuten, dass Unternehmen koordinierende Institutionen in dem Maße aufrechterhalten, wie sie für sie von Nutzen sind
- Kritik nicht gerechtfertigt

Nationalismus
- VoC-Ansatz untersucht nationalstaatliche Institutionen → Wird aber durch europäische und internationale Regulierung untergraben
- Unternehmen der EU können sich mittlerweile entscheiden, welche Unternehmensform sie annehmen möchten
- Nationale Institutionen erodieren durch regionale Governanceformen, die innerhalb eines Landes unterschiedliche Regelungen nebeneinander bestehen lassen
- Aushöhlung von „oben" und „unten" kann zum Problem für nationale Kapitalismusvarianten werden

- Gibt zwar immer noch klare Unterschiede zwischen den verschiedenen Nationalstaaten, sowohl in ihren gesetzlichen Regelungen als auch in den Ergebnissen, die aus diesen resultieren → Solange bleibt der VoC-Ansatz weiter nützlich

Grundsätzlicher Wandel
- Hall und Soskice verstehen Komplementarität in dem Sinne, dass man keine einzelnen Elemente eines Wirtschaftssystems ändern kann, ohne andere Teile zu beeinflussen
- Im ursprünglichen VoC-Ansatz ist also nicht Möglichkeit eines grundlegenden Wandels vorgesehen
- Wurde jedoch zunehmend entschärft: Heute geht man davon aus, dass koordinierte Marktwirtschaften sich nicht nur in Richtung zusätzlicher Koordination entwickeln oder liberale Länder prinzipiell immer liberaler wer-den müssen
- Aber Trend dass sich Länder eher in Richtung von Liberalisierung entwickeln
- VoC-Ansatz liefert Ansatzpunkt, ab dem man Wandel als relevant bezeichnen kann, nämlich sobald in koordinierten Marktwirtschaften Koordination erschwert wird
- VoC-Ansatz ist also nicht unfähig, Wandel zu verstehen, sondern bietet vielmehr in seinen neueren Entwicklungen die Möglichkeit, diesen einzuordnen und zu bewerten

Unterkomplexität
- VoC vereinfacht zu stark die Komplexität der Realität
- Berechtigt, war aber klar, dass die Realität komplexer ist als das vereinfachte Bild, das sie von ihr zeichnen